BISMARCK

Tujie Tianxia
Mingren Congshu

图解天下名人丛书　　本书编写组◎编

俾斯麦

世界图书出版公司
广州·北京·上海·西安

图书在版编目（CIP）数据

俾斯麦/《图解天下名人丛书》编委会编．—广州：广
东世界图书出版公司，2009.6（2024.2 重印）

（图解天下名人丛书）

ISBN 978 - 7 - 5100 - 0638 - 8

Ⅰ．俾… Ⅱ．图… Ⅲ．俾斯麦，O.（1815～1898）—传
记—画册 Ⅳ. K835. 167 - 43

中国版本图书馆 CIP 数据核字（2009）第 102733 号

书　　名	俾斯麦	
	BISIMAI	
编　　者	《图解天下名人丛书》编委会	
责任编辑	李　钢	
装帧设计	三棵树设计工作组	
出版发行	世界图书出版有限公司　世界图书出版广东有限公司	
地　　址	广州市海珠区新港西路大江冲 25 号	
邮　　编	510300	
电　　话	020-84452179	
网　　址	http://www.gdst.com.cn	
邮　　箱	wpc_gdst@163.com	
经　　销	新华书店	
印　　刷	唐山富达印务有限公司	
开　　本	787mm×1092mm　1/16	
印　　张	12	
字　　数	150 千字	
版　　次	2009 年 6 月第 1 版　2024 年 2 月第 10 次印刷	
国际书号	ISBN　978-7-5100-0638-8	
定　　价	59.80 元	

前　言

奥托·冯·俾斯麦（Otto von Bismarck），生于 1815 年，卒于 1898 年。他曾担任德国首相和外交大臣，对德国"从上至下"的统一起到了决定性的作用，对德国形成了深刻影响。他是德国有名的"铁血宰相"。

1815 年 4 月 1 日俾斯麦出生于普鲁士勃兰登堡一家容克大地主家庭，他的童年是在他父亲的庄园里度过的。大学期间，他曾与同学作过 27 次决斗。1835 年于柏林大学毕业后，俾斯麦回到老家管理自己的两处领地。强壮的体格、粗野的个性、对待农民的残忍、追求目标的毅力和不择手段的态度，构成俾斯麦鲜明的性格特点。

1848 年，德国柏林爆发革命，俾斯麦在自己的领地上组织起军队，准备武力镇压革命。1851～1858 年，他担任普鲁士邦驻德意志联邦代表会的代表，1859 年任驻俄大使，1861 年改任驻法大使，1862 年出任普鲁士首相兼外交大臣。

同年 9 月，在普鲁士议会的首次演说中，他大声宣称："德国所注意的不是普鲁士的自由主义，而是权力……当代的重大问题不是通过演说与多数人的决议所能解决的，而是要用铁和血。"俾斯麦的"铁和血"，是他统一德国的纲领和信条，他的"铁血宰相"的别称也由此而得名。俾斯麦正是凭靠这种暴力，大胆而又狡猾地利用国际纠纷和有利时机，决定性地使德国通过"自上而下"的道路统一起来。

第一步是 1864 年初挑起对丹麦的战争。把属于丹麦的石勒苏益兹—荷尔斯泰因两公国（居民多数为德意志人）并入德国。

第二步是 1866 年挑起对奥地利的普奥战争。1866 年 7 月 3 日在萨多瓦战役中，普鲁士获得决定性的胜利。根据 1866 年 8 月的布拉格和约，奥地利退出德意志联邦，普鲁士兼并了荷尔斯泰因以及战争中站在奥方的几个德意志联邦诸侯国，统一了德意志的北部和中部，建

立起在普鲁士领导下的北德意志邦联。

第三步是1870年的普法战争。1870年9月17日，在俾斯麦的挑动下，法国向德国宣战。拿破仑三世吹嘘说，这只是一次"到柏林的军事散步"。但他碰到的已不是昔日的普鲁士，而是一个比较强大的、坚决反对分裂的德意志民族。1870年9月2日，德军在色当战役取得对法国的决定性胜利，生俘了拿破仑三世。至此，统一南德的障碍已除，德国的民族解放战争的任务已经完成。俾斯麦驱兵直入巴黎。1871年1月18日在巴黎凡尔赛宫宣告了德国的统一，成立了德意志帝国。俾斯麦也同时出任德意志帝国的宰相。

俾斯麦统一德国后，执行为大资产阶级和贵族地主阶级利益服务的政策，推动了德国经济的发展。但他的"铁和血"却没有因此而停止。1871年他参与镇压了巴黎公社武装起义。在国内，他加紧镇压德国工人运动；对外组织军事集团，极力巩固德国在欧洲大陆的霸权地位。同时，在非洲、亚洲和太平洋地区掠夺殖民地，同英国争夺世界霸权。

1888年，威廉二世继位，在很多问题与俾斯麦上出现分歧，在以后的残酷权力斗争中俾斯麦渐渐感到心灰意冷。1890年，75岁高龄的俾斯麦向威廉二世提出辞呈，正式下野。

1898年，83岁的奥托·冯·俾斯麦在故乡的庄园中逝世。闲居期间完成了回忆录《思考与回忆》。

作　者

目录

俾斯麦
Bisimai

目　录

目 录

俾斯麦
Bisimai

怪戾而放纵的青少年

蠢人常说他们是从自己的经验中进行学习，我却认为利用别人的经验会更加好一些。

——俾斯麦

俾斯麦
Bisimai

德意志呼唤英雄

1815 年注定是一个特别的年份。 这一年是拿破仑失败之年，也是俾斯麦降生之年。

19 世纪最伟大的法国人——拿破仑，在这一年自厄尔巴岛逃回法国，重整军队进入巴黎，与整个欧洲大军对垒，终于在滑铁卢一役中战败。

拿破仑战败后被英国军舰载往圣赫勒拿岛囚禁，最后郁郁而终。

这个事件代表了欧洲英雄主义的结束。

同年的 4 月 1 日，后来注定要成为伟人的德国人——俾斯麦，在普鲁士首都柏林诞生了。

俾斯麦诞生时的普鲁士与今日的德国大不相同。

1815 年的德意志只是一个地理名称，换言之，有德意志民族、有德意志语言、有德意志文化，但却没有德意志这个国家，而德意志人民当时也根本没有国家的意识。

当时的德意志被分为三十八个小邦，不论在政治或经济上都极为混乱，毫无秩序可言。

普鲁士本来是德意志诸邦中的大国，但因耶拿一役为拿破仑所败，失去了大半领土，国力损失也很大。

因为德意志位于欧洲中部，所以欧洲的战事常在德意志领土上进行，最后的一次大战役便是耶拿战役。

耶拿战役，普鲁士的精兵被拿破仑军队轻易击溃，日耳曼民族的自尊心也因之被粉碎。除了普鲁士以外，其他邦国都向拿破仑俯首称臣。

耶拿战设

1806 年 1 月 26 日，拿破仑离开维也纳回到巴黎。几天后，一个令人兴奋的消息传来：拿破仑的死敌、英国首相威廉·皮特去世，英国要求与法国签订和约。格兰维尔继任为英国首相，他任命了同情法国大革命的福克斯为外交大臣。福克斯一贯反对皮特的对外政策，他真诚希望法国和英国能和平相处。于是，福克斯派人去巴黎和拿破仑进行和谈。拿破仑表示：如果英国在他的条件下签订和约，他愿把汉诺威还给英王。

消息传到普鲁士，整个宫廷大为震怒。因为普鲁士曾用了两个侯国交换了汉诺威，只是由于英国因此要对其宣战，才让拿破仑的军队继续驻扎该地。如今拿破仑又将汉诺威作为与英国和谈的筹码，普鲁士政府感到自己受到了极大的欺骗，决定和拿破仑决战。

1806 年 10 月，一方以俄普为同盟的军队和一方以法英奥为联盟的军队在法国的耶拿开战了。1806 年 10 月初，不伦瑞克公爵指挥的普鲁士-萨克森联军十万余人在耶拿和魏玛地域设防。拿破仑军队十五万余人由班贝克、拜罗伊特地域向前推进，企图前出至对方的翼侧和后方。除留在耶拿和魏玛的霍恩洛厄公爵的一个军三万八千人和布吕歇尔将军的一个军一万五千人之外，普军主力五万三千人开始向奥尔施泰特撤退。拿破仑误认霍恩洛厄军为普军主力，将大部兵力投向耶拿和阿波尔达，只有达武一个军两万七千人进攻奥尔施泰特。拿破仑决定使用主力九万人突击耶拿。10 月 14 日，法军内伊元帅率先遣部队进展顺利，在缪拉的骑兵支援下，法军发起冲击，各纵队迅速击败普军，迫其溃逃。沿魏玛大道进攻的奥热罗军正迂回普军右翼。这时，普军布吕歇尔将军的部队成两列横队展开，骑步位于两翼，向法军攻击。法军先以猛烈的枪炮火力迎击，继之以优势兵力从正面和两翼对普军实施反冲击。布吕歇尔军被击溃，法军追击其残部直至魏玛。普军各部队共伤亡两万七千人，损失火炮二百门；法军仅伤亡五千人。

1806年耶拿战役中即将发起总攻的拿破仑

　　其后的奥尔施泰特战役也遭到了相似的命运。普军被拿破仑打得一败涂地。拿破仑由此建立了其"欧洲霸主"的地位，而普鲁士则处于覆军亡国的危险中，其情况岌岌可危。耶拿战役被认为是普鲁士历史上的耻辱。

　　1815年，维也纳会议讨论拿破仑战败后欧洲领土的安排，普鲁士领土大大地扩展，虽然面积不及今日德国的一半，人口也仅有一千八百万左右。但是在维也纳会议的安排下，日耳曼邦联诞生了。

　　日耳曼邦联由三十多个小邦国、四个自由市组成，分别派代表至法兰克福集会讨论有关德意志的问题。而邦联的主权仍分属于各邦国，所以严格说来，日耳曼邦联并非一个独立国家，只是犹如国际联盟般的一个松散集团。

　　日耳曼邦联中以奥地利领土最大，国力也最强，但是其国民除了日耳曼人外，还包括了其他许多民族；而普鲁士虽为一个新独立国，领土不及奥地利的一半，但其国民几乎都是日耳曼人。

　　因此，关于日耳曼邦联的领袖由谁担任的问题，使奥普两国产生了激烈的冲突。他们彼此抗衡的舞台是法兰克福的邦联会议，参加会议的代表，全是由各邦国选出来，代表各国君主的大公使。 后来，此会议便成为俾斯麦独领风骚的政治舞台。

因此"德意志"只是地理名称，完全不具有政治和国家意义。 可是战败的德意志相继出现了壮烈的爱国者，其中最著名的是斯坦因。 他因受拿破仑忌恨而被放逐国外，乘坐雪橇经奥地利逃到俄罗斯，寻求俄国皇帝的庇护。 后来当拿破仑攻打俄罗斯时，他曾向俄国皇帝建议在莫斯科采用坚壁清野的战略。

拿破仑垮台之后，斯坦因回到德国，改革行政，解放了占全国人口三分之二的农奴，并宣布在法律面前人人平等，建立了新兴德国的基础。 斯坦因死后，奥登堡继承其遗志，至夏恩霍斯特执政时，首次实行全国征兵制，建立了精锐的普鲁士陆军。

当时欧洲的最大困扰就是君主专制的问题。 觉醒的民众逐渐从封建专制的君主手中夺回属于人民的权利，这是时代的潮流。 可是在维也纳缔结同盟的俄、奥、普三国君主，却一意维持君权，压抑民权。

反对君权所产生的民主主义思潮，与民族主义思想相结合，形成了欧洲各国的民主运动，这个运动的目的在于建立同一民族的统一国家，为了实现这一理想而要求人民团结起来奋斗。

深受拿破仑侮辱的日耳曼民族就是因为发起了这种民主爱国运动，才在滑铁卢战役中参加了反法联军，同英军等携手一起击败了强大的拿破仑军队。

但是，由于普鲁士进行了政体改革，而普鲁士的改革并非由下而上，而是由上而下，是在专制政体下从事改革，因而也是日耳曼民族感到的最大矛盾。

因为，德意志若想统一，必得借助普鲁士国王的领导，但若

斯坦因照片

仍采取君主专制，那么其他三十多个小君主必然不甘居于普鲁士国王之下，德意志也就不可能统一。

如此看来，想要统一德意志必须放弃君主政体而采用民主政体，也就是将普鲁士国王的专制君主制改为君主立宪制。

因为有这些矛盾存在，所以统一德国的运动迟迟未能施行。虽然日耳曼民族有坚强的国民性和伟大的文化，但因自由主义者的偏激理论和保守主义者的冥顽不化，以致遭到全欧洲的轻侮嘲弄。

18 世纪时，欧洲流行这么一句话："法国占有陆地，英国占有海洋，而德意志拥有的是天上的浮云。"

当时人们都认为德国人是活在哲学概念与诗歌音乐的世界里，是一个不重实际的民族。

但是德国应该不缺少有政治天分的人才。它曾出现过华伦斯坦，而仅一百年前，也出现过腓特烈大帝。所以在这种诸邦分裂的时代里，应该有英雄出现才对，究竟谁会是第二位华伦斯坦呢？全德意志人民都在期待着英雄出现。

俾斯麦就是在这种期盼中诞生的。

★★★☆☆☆☆☆
❀资料链接❀
★★☆☆☆☆☆☆

1815 年维也纳会议

1814 年 9 月，欧洲十五个王室的重要人物包括俄国沙皇亚历山大一世、奥地利皇帝弗兰茨一世、普鲁士国王腓特烈·威廉三世在内，二百多个公侯以及各国外交大臣在奥地利首都维也纳聚会。

会议中起主要作用的是俄、英、奥、普四同盟国。四同盟国为避免与会国指责把持会务，特设一个指导委员会，由签署第一次《巴黎条约》的俄、英、普、奥、法、西、葡、瑞典八国代表组成，由梅特涅担任主席。但分配领土的权利依然操在四同盟国手中。会议进行中，俄、英、奥、普四国在波兰—萨克森问题上发生尖锐矛盾。俄国亚历山大一世提出，华沙大公国与俄占波兰领土合并，建立一个在俄国统治下的波兰王国；为了补偿普、奥两国的损失，把萨克森王国的领土划归普鲁士，让奥地利恢复在意大利北部的统治。俄军已占有波兰西部，英、奥无可奈何，只好承认现实。但在萨克森问题上，奥地利坚决不让，考虑既已失去波兰部分，再让普鲁士兼并萨克森，就将使本国直接受到两个强邻的威逼。四同盟国之间争吵不休，谈判濒于决裂。1815 年 2 月上旬普、奥达成妥协。这场斗争的结果是：对曾属于华沙大公国的波兰领土做了重新分配，俄国获得绝大部分，波兹南地区并入普鲁士，加里西亚留给奥地利，克拉科夫定为各瓜分国监护之下的中立的"自由市"。萨克森北部归普鲁士，南部留给萨克森国王。普鲁士还获得莱茵河左岸的土地。

　　拿破仑一世得知四同盟国由于意见分歧，争吵不休的消息，于 1815 年 3 月 1 日从厄尔巴岛潜回法国，20 日进入巴黎，重登帝位。会议一度中断。英、俄、奥、普等国立即组织第七次反法联盟，宣布拿破仑是欧洲的公敌，决心予以彻底击溃。

维也纳会议（1815 年）

　　滑铁卢战役前夕，1815 年 6 月 9 日，维也纳会议指导委员会八个成员国的代表签订了由 121 条条款和 17 条单独附带条款构成的《最后议定书》，此后欧洲所有其他国家尽皆加入。该议定书任意宰割和兼并小国、弱国土地，以满足强国的霸权要求，其主要内容是：①俄国夺得华沙大公国大部分领土，波兰只在克拉科夫及其毗邻地区组成一个共和国，并由俄、普、奥共同"保护"。②英国在战胜法国后继续占有马耳他、法国殖民地多巴哥、圣卢西亚和毛里求斯。另外，锡兰（今斯里兰卡）以及开普、部分圭亚那和洪都拉斯也都成为英属殖民地。英国还拥有对伊奥尼亚群岛的保护权。③比利时与荷兰组成为尼德兰王国。瑞士定为永久中立的邦联国家并由十九州增加到二十二州。撒丁王国收回萨瓦和尼斯，且兼并了热那亚。④奥地利失去比利时而从意大利获得伦巴第和威尼斯作为补偿。它还获得蒂罗尔、萨尔茨堡、的里雅斯特、伊利里亚和达尔马提亚。⑤普鲁士获得五分之二的萨克森、吕根岛和波美拉尼亚，又在西部取得莱茵—威斯特伐利亚地区。⑥德意志邦联由三十四个君主国和四个自由市组成。各邦政府的代表产生邦联议会，由奥地利代表担任议长。⑦瑞典将芬兰让给俄国而从丹麦取得挪威。丹麦把从瑞典得来的波美拉尼亚换取普鲁士的劳恩堡。⑧继法国之后，西班牙、葡萄牙、德意志和意大利境内各邦的旧王朝复辟。罗马教皇也恢复教皇领地。⑨会议解决了三个带有普遍性的欧洲国际问题：订立国际河流的航行规章，规定外交官员等级的划分和各国关于禁止贩卖黑人奴隶的宣言。

会议以后，欧洲君主专制国家还建立了神圣同盟和四国同盟，极力维护维也纳体系，而各国革命党和自由主义者则力图推翻条约下的现状。维也纳会议仅仅建立了短暂的和平。

出身贵族家庭

俾斯麦的家在柏林西面约一百公里处，是易北河岸边的雪思豪森小镇。拥有一片大庄园，为世袭的地主，属于贵族阶级。

俾斯麦的祖先世代从军，性格诚实、勇敢、果断。

后来俾斯麦常对人说：三百年来我的祖先没有一位不曾与法国作过战。

身为地主的他们，生活非常富裕，很少与人锱铢计较，而是只关心如何管辖好佃农。他们有一种极为强烈的统治阶级的优越感。

和平时期，他们唯一的娱乐就是狩猎，除此之外，他们的生活粗暴而怠惰，将大部分精力花在饮酒上面。他们不办公也不读书，因为他们认为这些事情应该是新兴的中产阶级做的，而天生的统治阶级根本不屑去做这些。

俾斯麦的父亲在二十三岁时就退伍，隐居于雪思豪森庄园，过着单调的地主生活。

他是一位诚实忠厚而待人亲切的男人，但不爱读书，除了狩猎饮酒之外，没有其他嗜好。

也许是天意安排，这个懒惰的人竟然娶了一位勤勉而美丽的妻子。当时他三十五岁，新娘才十七岁。

俾斯麦的母亲出身于新兴中产阶级家庭，在过去的一百年间，代代都在大学教授历史和法律。俾斯麦的外祖父曾任枢密院议长，属于自由主义人士，专门攻击专制政体，结果触怒了皇帝。

俾斯麦的母亲因受环境影响，是个理念清晰的人。她有不服输的好胜心，同时做事勤勉，品行端正。由于居住在都市，常出入宫廷，所以她爱好社交活动，喜欢打扮。

由于父母亲家庭背景与个性的全然不同，俾斯麦体内糅杂了父母这两种完全不同的遗传。

俾斯麦在家中排行第四，兄弟姊妹共六人，其中三人夭折，除俾斯麦外，还有一个大他五岁的大哥和小他十二岁的妹妹。他与小妹感情很好。

当俾斯麦满周岁时，全家迁居到柏林东北的库宁堡小镇。俾斯麦少年时代的记忆几乎都得自于此。

俾斯麦全家迁居的原因是他父亲在当地继承了一片约八千平方公里的田地。他们的家坐落在一望无际的麦田中，平房占地极广，只在中央有一间楼房，这便是俾斯麦幼年时期的住所。

有一次父亲在楼上指着窗外广大的田地对俾斯麦说道："放

眼所及的土地都归我们家所有。"

围绕在他们家四周居住的是佃农与仆役，俾斯麦就是在这种驱役别人的环境中长成，因此在他的心中深植了支配阶级的意识。

父亲曾指着墙上的许多祖先肖像对俾斯麦说："你长大后也一定要像祖先一样，做一个伟大的军人。"

但是，他的母亲却对他说："你要努力读书，长大后要像外祖父般做一位伟大的政治家。"

其实，俾斯麦很爱他的父亲，却厌烦母亲。喜爱交际的母亲多半时间不在家，她似乎只关心社交活动，而将子女的日常生活委托给仆人照顾。她信奉斯巴达式的教育，认为小孩应当严格管教，因此她常常不是以母爱来体现对子女的关爱，而只以理智来教导他们。

不过俾斯麦对母亲的强烈反感，并不是因为母亲的严格管教，而是因为母亲不把善良的父亲放在眼里。

一个寒冷的冬夜，母亲在家中招待了许多客人，为了让客人留宿，她竟然把自己的丈夫从房内赶出。当时年幼的俾斯麦为父亲的遭遇大感不平。

这件事令俾斯麦终生难忘。

还有一次，当俾斯麦指着祖先的画像炫耀家世时，他的母亲对他说道："不要依赖门第来夸耀自己。"然后命人将画像全部收了起来。

当时的俾斯麦在心中暗骂道："有什么了不起！暴发户！"

由于这几件事，俾斯麦变得更为轻视母亲及母亲的家族。

俾斯麦的母亲是中产阶级的知识分子，她的行为代表了一般知识分子对地主贵族的感受。

俾斯麦对母亲的反感日增，同时将这种情绪转移到中产阶级的自由主义分子身上，这种憎恶情绪随着年龄的增长而加深。

痛苦而叛逆的少年

俾斯麦的父亲是一位善良而怠惰的人，母亲则是位性格冷酷而且喜爱社交活动的人，所以俾斯麦始终没有机会接受双亲的教诲。

母亲知道俾斯麦的禀赋优异，曾经对人说道：这个孩子将来一定会出人头地。但是却没有亲自教导他，而把一切委托给学校和家中的仆役。

因此俾斯麦在七岁到十七岁的这段重要成长期里，并未受到适当的家庭教育。

八岁时，俾斯麦进入柏林小学就读，同学们都是中产阶级子弟，只有他一人是贵族后裔；而学校的

少年时期的俾斯麦

教育方式极为严格，这更加深了俾斯麦的痛苦。

十二岁时，俾斯麦进入中学就读，学校是母亲选的，也是中产阶级的子弟学校。在学校里，他处处受到同学的排挤、挪揄。

"等着瞧吧！看看最后胜利的是中产阶级还是我们贵族！你们等着瞧吧！"俾斯麦经常这样在心中嘶喊。

当时俾斯麦喜爱的学科是语言学，他很有这方面的天赋。首先他学的是英语，后来他能流利地运用英、法两种语言。此外也学俄语，并略通荷兰语、波兰语。这是他日后成为卓越外交家的重要本钱。

很多大政治家在年轻时代都爱阅读历史书籍，俾斯麦也不例外。除了语言学外，他也深爱历史学。他研究古希腊史及古罗马史，精读德意志史和英国史。

大概是从这个时候起，俾斯麦养成了晚起的习惯。他任首相时通常要睡到早上10点才起床，而他头脑最清晰的时刻是在夜晚。这是患有脑神经疾病的人常有的恶习，而俾斯麦一生都被神经系统的疾病所困扰。

俾斯麦从十五岁起，每年夏天都要回到乡下的家中度假。他在家中时，只有一位家庭教师、一位女仆以及长他五岁的哥哥为伴。他的母亲则整日忙于社交活动，根本无暇去照顾他。

俾斯麦的父母对任何宗教都不热心，这使得幼年的俾斯麦没有机会接受宗教教育。他晚年曾说，父亲并非基督教徒，而崇尚理性的母亲更不相信这种传统宗教。

在冷淡的家庭生活和不愉快的学校生活双重压迫下，俾斯麦比一般青年早熟，也逐渐养成了凡事怀疑的态度。他对人生的看法有自己独特的见解，根本没有少年的天真、憧憬之心或青年诗人的浪漫情怀。

没有温暖的环境，就极易使人步入歧途。俾斯麦十五岁时，常调戏邻家的美丽少妇，而十六岁时，则在马车上和一位美丽的保姆发生了不正常的关系，并且停止了每日的祈祷。他自言道：

"祈祷与我对神的观念不符合。如果神真是全知全能者，就算我不祈祷，神也会按照其方法支配一切，引导我的行为。如果我的意志是独立而与神无关，就要以自己的意志来影响神的傲慢不逊。因此我认为祈祷是不必要的。"

这种话出自十六岁少年之口，实在让人吃惊。

少年时代的俾斯麦在精神上遇到了很大的危机，这全是环境的原因，像他这种性格刚烈之人，在不如意的环境中极易生起反抗心理而误入歧途。

十七岁时，俾斯麦进入哥廷根大学就读。

声名狼藉的大学时代

俾斯麦进入哥廷根大学之后，很快便成为全校知名的人物。当时一位叫约翰·马特利的美国留学生与俾斯麦同班。他与俾斯麦很快就成了无话不谈的好友。 这位美国青年后来成为外交官及历史学家，而且颇有名气。

马特利曾在他的著作中提到俾斯麦，他这样写道：

十九岁，大学时代的俾斯麦

他还很年轻，刚满十七岁，但却少年老成，与一般的同学不同。 我从未遇见过面容这么忧郁的男孩子，可是与他交往之后，我渐渐发现他有副令人着迷的容貌。 他的头发蓬乱，发色红褐，脸上满是青春痘，眼球中央几乎透明，而周围是红色的圆圈。 他最近与人决斗，由鼻头至右耳留下了伤痕，听说缝了十四针。 前几天，又被人剃了眉毛。 我相信任何人见了他，都会认为他是一位与众不同的怪物。

他的身体消瘦，虽然未完全发育成熟，但身材很高。 我看不出他的上衣属于何种式样，因为既没有衣领和纽扣，也没有颜色；下身穿着裤裆宽大的裤子；鞋子后跟钉有铁钉，并加上马刺。 他的衬衫不扎领带，而且还将领子敞开。他的头发很长，盖着耳朵甚至到达肩膀，并且在唇上蓄有八字胡。

最后还有一个特别醒目的地方，他的腰间佩有一把很长的西洋剑。

俾斯麦就以上述模样牵着一只大狗在大学里昂首行走。如果有人因看到他的奇怪模样而取笑他，不管这人是他的学长还是学弟，他一定会与对方决斗。当时的学生都用西洋剑来一决胜负，在三个学期间，俾斯麦共决斗了二十七次，而每次都大获全胜。只有他那鼻头至耳部的伤口是唯一的伤痕。

俾斯麦因为剑术高明，喜爱滋事，成为全校学生都畏惧的人。另外由于他不遵守校规，所以在学校期间，常常被关在大学开设的禁闭室中。

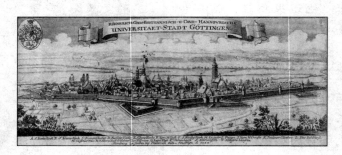

哥廷根大学

俾斯麦曾自信地说："在学校，我要做他们的头领；将来进入社会，我就要做社会的领袖。"

但是，初年级的第一学期尚未结束，马特利就在日记中叹道："英雄的资质，恐将因此而毁。"

俾斯麦的父母希望他学法律，日后成为外交官，所以将他送入大学。但是在大学里他却并不认真读书，浪费了金钱和时间。他的收获不是知识，而是一身的债务。

当时他对政治毫无兴趣，尽管有著名的教授讲解政治，他也毫无兴趣。

他在大学中交到了两位好友，一位是前面已提到的马特利。俾斯麦很喜欢这位潇洒的、有着过人智慧和温和性格的美国人。

另一位好友是凯塞林，他是一位头脑清晰、极具才华的青年，在闲暇之余能够随时为俾斯麦弹奏贝多芬乐曲，以纾解他的抑郁之情。

那时的俾斯麦对人生感到厌倦，因而他常常酗酒、打架、沉溺于女色。

由于他的名声恶劣，有一次他要到耶拿游玩，耶拿大学马上召开教授会议，决定不许他进入校区。

19 世纪的柏林大学

在哥廷根大学待了一年半后，俾斯麦深知长此以往不是办法，所以和好友马特利一起转至柏林大学。不过，他转入柏林大学前的最后一件事是完成在哥廷根大学未完的学业。

在柏林大学，俾斯麦对法律仍然不感兴趣。当时虽有一位自然法学的权威教授塞维尼在校授课，但富有个性的俾斯麦也只上了两三堂课而已。

不过在柏林大学的两年并未完全浪费，俾斯麦看了许多哲学家与大文豪的著作，如斯宾诺莎、黑格尔、歌德、莎士比亚等，同时他再度发挥其在历史学上的天赋，阅读国家历史，这些对他日后的成就起到了非常大的作用。俾斯麦虽然对普通学科并不用心，但在课外读物上花费了相当大的工夫。

强烈的功名心

走向社会后，俾斯麦这位不守规矩的坏学生，立即感到无所适从。

过去在学校里他始终没有考虑自己的将来，只在心中肯定了不做军人的意念。

俾斯麦出身军人世家，他的父亲和哥哥也都是军人，但他为何会厌恶从军呢？

俾斯麦曾说过："我喜欢命令别人，却最讨厌受人命令。一旦从军就得听命行事，我一想到这种情形就受不了！"

俾斯麦为了避免被征召入伍，所以下定决心去做律师。

为了做律师，他努力朝目标迈进，付出了极大的心血，用以弥补大学三年中没有认真上课的损失。当时他请了一位老师指导，终于通过考试，成为一名正式律师。

俾斯麦就任正式律师之后，总是采取独断的方式，大胆地在法庭上辩护。正因为这种性格，有一次，他因为蔑视法官和证人，差点被免职。

在参与了社会活动后，俾斯麦有了与学生时代完全不同的想法，他发现自己有着过人的办事能力；在法庭或宴席中遇到许多达官显宦，从而使他也想通过努力奋斗让人刮目相看。俾斯麦在写给哥廷根大学友人的信中曾表示：

> 学生时代的我，没有强烈的功名心，但最近它却深深地萦绕着我，鞭策我尽最大的努力。我现在对任何有利于晋升的手段都愿意尝试，也许你会骂我是个看重

名利的俗人，并嘲笑我，但我仍然要坚持我的看法。现在我的脑海里充满了工作，而那些毫无目的娱乐只是浪费时间而已。

从这段信的描述中，我们可以看出成就事业的欲望正在这位曾经的"不良少年"心中滋长。

但是在这封信的后半部分又有下列一段：

> 不过仔细考虑之后，我发现自己现在的生活实在很可怜。白天我需要为不满意的工作忙碌，晚上还要出入宫廷或公家宴席，整日笑脸迎人，花了这么多的心力，最后得到的只不过是在名片上加些头衔而已，这究竟是否合算？所以我常想，干脆弃政从农也罢！

在信中，俾斯麦还告诉好友，他发现了读书及工作的兴趣，但是他对目前的律师工作仍不满意。他的目标是一心一意往上爬，但有时会因精力无法发挥而焦虑烦闷，因此他心中常常充满矛盾、不满的想法。

若想做一位支配者或独裁者，所要经历的道略是艰难崎岖的，焦虑与烦闷仍不时缠绕着俾斯麦。

在内心的驱使下，俾斯麦决心从司法官转为行政官。

于是他回到诞生之地雪思豪森乡下，开始准备考试。

他的故乡有一望无际的麦田和森林，有清澈的溪流，阳光之下，成群的牛羊悠游自在地吃着青草。俾斯麦家中有三十多间房子，不过能用的仅有两间，他最尊敬的父亲便住在这里。

在家里从早到晚，他都很用功地读书。

当时他写了一封信给朋友：

> 我从来没有像现在这样感到满足，我一天只睡六个小时，其余时间都在用功看书，我很愉快。过去我自

认像这样用功读书实在是不可能的事情，如今为何能做到？仔细想过之后，我认为可能是喜爱的缘故吧！

在优美的环境中，又有慈祥的父亲照顾，俾斯麦第一次感到自己内心的烦躁已不存在，过去那冷嘲热讽、愤世嫉俗的心态逐渐转变为务实的精神。他继续阅读哲学家斯宾诺莎的作品。

俾斯麦终于以优异的成绩考取了书记员，被派往德国西部小镇夏伯尔。当时他仅二十一岁。

出任夏伯尔书记员

在母亲的安排下，俾斯麦来到了夏伯尔，这个小镇是罗马人发现的温泉胜地，查理曼大帝登上神圣罗马帝国宝座时（公元800年），曾以此地作为首都。拿破仑垮台后，此地成为普鲁士领土，因为气候、古迹及温泉方面的作用，吸引了欧洲各国社交界名流。而一心一意想使自己儿子成为一位外交官的俾斯麦的母亲，认为俾斯麦在此必定大有前途。

这个小镇曾在德、法两国间数度易手，所以有很多法国人住在此地，同时由于气候与地理的关系，也聚集了许多英国名流，可以说这个小镇是德、法、英三国文化的交流地。

此地的领主是普鲁士人亚宁伯爵，他与俾斯麦是同乡。当时俾斯麦是带着介绍信来到夏伯尔镇的。

亚宁伯爵对俾斯麦的到来表示衷心的欢迎并热烈款待，他很欣赏这位与自己同族的贵族后裔，并告诉他许多待人处世的方法。

来到这里后，年轻的俾斯麦开始学习骑术，因为许多年轻的英国仕女都爱骑马。

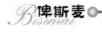

德国夏伯尔风景照片

　　有一次，俾斯麦不小心从马上跌落而且受伤不轻。 待伤势痊愈后，他又踏入社交界的各种场合，那时的他常与几位英国人、两位法国人一起进入社交场所，俾麦斯因此认识了一位年轻貌美的女性，她是当地名门拉塞尔家的女儿罗拉，也是亚宁伯爵的亲戚，不久他即与这位罗拉小姐订婚。 这是他众多婚约中的第一次。

　　在欧美社会，想与名流的女儿成婚必须花费大笔金钱。 为此，俾斯麦想到一个能够获得金钱的妙计，那就是赌博，但结果却事与愿违，他一败涂地，债台高筑。

　　后来，俾斯麦又结识了一位三十多岁的女性，与罗拉的婚约便不了了之了。

　　在夏伯尔，每当接到故乡来信，俾斯麦就深为苦恼。 因为母亲的浪费无度和父亲的软弱无能，使家道日益衰落。 虽然他心里着急，想发愤图强，继续用功，但是却抗拒不了莱茵美酒、法国佳肴及英国美女的诱惑。

　　俾斯麦的酒量与饭量都极为惊人。

　　有一次宴席中，俾斯麦吃掉了150个大牡蛎。 至于酒量呢？可以从一次退伍军人的宴会中得到验证，当时他将注满一大瓶葡

萄酒的大酒杯一饮而尽。

另外，俾斯麦的特点是喜好女色。 就以他在夏伯尔镇时期所留下的书信为例，他曾在信中警示自己：“今后我要特别注意，否则前途将不堪设想。 我感到自己现在的风流韵事似乎已经太过分了。”

虽然如此，不久之后，他还是又爱上了一位英国女性。 她是牧师的女儿，据俾斯麦自己的描述，她是个满头金发的绝世美人，只是一句德语都不懂。

俾斯麦在工作上从来不请假，但这次他与牧师一家到德国南部的温泉胜地威斯巴登度假，并和牧师之女订婚——这是他的第二次婚约。 后来，他从瑞士写信向服务机关首长请假，不久之后又提出辞呈。

就这样在六个月内，他一直陪伴着这位英国小姐，当时他曾写信给朋友说：

> 我们预定明年春天在英国结婚，希望你能参加我们的婚礼。

可是六个月后，他再度写信给朋友时，情况却发生了变化：

> 她答应了我的求婚，但在订婚两个月后突生变化，一位英国陆军上校横刀夺爱，虽然他已年过五十，且仅有一臂，但是他有四匹马，年收入约 22 500 英镑。 而如今我两手空空，身无分文，内心郁闷，决定即日内搭船返乡。

当时的俾斯麦可能陷入了极大的困境中，身体的健康状况也不佳，在他的信中错字很多。

就这样，这位浪荡公子终于回家了。

不过，他的家中又发生些什么事情呢？

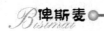

俾斯麦
Bisimai

母亲之死

此时，俾斯麦家已是债台高筑，陷入困境。

母亲因对子女感到失望，加上身体不好，最终卧床不起。 善良无能的父亲彷徨无措，对理财之道完全是个外行。 而俾斯麦却在这个关键时刻抛弃了他的锦绣前程，不但被牧师之女甩掉，而且还身负一千英镑的债务，带病返家。

卧病的母亲见到不成材的儿子，气得脸色苍白，而一向慈祥的父亲也面露不悦之色。 尽管母亲生病，但她还是四处奔走，为儿子在柏林郊外波茨坦找到了一个小

俾斯麦的母亲

职员的职位，可是俾斯麦做了不到三个月就不辞而别了，理由是他觉得上司不顺眼。

这时家中已濒临破产，母亲被诊断为患了癌症，需要到柏林治疗。 但不久之后便又返回了雪思豪森。

家中所欠的债务必须用高利贷偿还，破产已经迫在眉睫。

情急之下，俾斯麦想出一计。 他想找回大哥，两人合作经营这块八千平方公里的田地。

父亲马上同意了，母亲也没有意见，因为她知道自己已经活

不了多久了。

　　不久，母亲去世，时为 1839 年，享年五十岁。 这位一生追求名利的女性，一直梦想着儿子飞黄腾达，但却在失望中去世。 她万万没有想到，她死后十三年，这位游手好闲的少年，竟成为普鲁士王国的首相，同时被誉为欧洲第一英雄。

　　母亲的去世，对俾斯麦而言是一个人生转折点。 随着母亲之死，家中经济发生了巨大变化。

　　父亲只好在乡下自由自在地度其余年，由俾斯麦和大哥接管田地，挽救家庭经济危机。

　　现在，我们来看看他当时写给表妹的信件：

> 我并不喜欢当官，即使能晋升为皇室大臣，我也不认为那是幸福的事。 因为我认为种田和写公文一样都是工作。 有时前者可能较后者对我更为有益，因为我的个性是不喜欢听命于人，而喜欢命令他人的。
>
> 对于少数政治家而言，担任公职是出于爱国之情，不过大多数人的动机并不纯，不外是追逐功名利禄而已，我也不能说自己全无此心。
>
> 官场生涯即使顺利，也难在四十岁以前名利双收。假如有所成就，就必然会损害自己的健康，使自己的妻子像个护士般地伺候自己。
>
> 我并不向往这种虚荣的生活，所以，我把追逐名利的职位让给别人，而自己却以自由独立的方式谋生。

　　从这位二十四岁青年的信中，我们可看出他对人生的看法是如此的冷静透彻。

　　俾斯麦之所以对从政生涯感到失望，是因为他知道做一位部长或大臣后必须牺牲自己内心的自由与独立，让自己变成半死之人，毫无代价地消耗创造精神，断送青春。 最后得到的报酬却只不过是被人们称呼一声"阁下"，或接受一些代表虚荣的勋章，同时在柏林配给一间住宅。 相比较而言，这种牺牲实在太大了。

所以俾斯麦决定从官场退出，经营田庄，做个自由自在、无拘无束的地主，享受自己的余生。

在这种心情的支配下，俾斯麦开始了他的农村生活，不过这能持续多久呢？

从田园到政界

第一流的政治家应具有能力，比别
人先听到遥远的历史马车的马蹄声。

——俾斯麦

管理农庄与读书生活

这位年轻而任性的贵族如今回到田园。 在征得大哥的同意之后，他分得一半的田地，成为一个独立的庄园主。

当时德国乡下解放农奴仅三十年，许多地主仍然保存着封建时代的领主权利，享有参政权、司法权及宗教庇护权，就像一国之君，所以，俾斯麦感到骄傲而幸福。

他开始学习农事，并对农业产生了极大的兴趣和关心。 他到附近的大学研究农业、化学、植物学等，同时也开始学习会计，亲自记账。

他亲自骑马巡视农地，研究地质，调查种子，观测气象，热情地和佃农谈天，学习他们的生活，了解他们的心理和需求。

他白天管理农庄，晚上专心读书，这段农村时期才是他用心读书的时期，这使他的见识得到突飞猛进的发展。

他晚年还时常说："我今天所有的知识都是在毫无出路时，自己进修而得。 在农庄时，我有许多有关思想和事业方面的书籍，同时我将精力全部投入到读书中去。"

他喜欢精读历史，尤其是英国历史，此外也读了许多社会科学书籍，包括社会主义学者路易·布朗的著述。 对外国文学他特别喜欢莎士比亚的作品，同时喜爱吟诵拜伦的诗。

他也读了许多地理书籍，详细地翻阅了长达二十卷的德意志

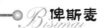

地理书。 这些知识对他后来在议会中的杰出表现起到很大的帮助，他比任何一位议员都熟悉选举区的地理。

他有过人的记忆力，凡是读过的东西都能熟记不忘，这种能力对于他日后处理政事有着极大的帮助。 欧洲各国政治家与他讨论时，都十分佩服他的博学。 而这一切知识都不是来自学校，全是他自修得来的。

游历欧洲

农事和阅读并非俾斯麦生活的全部。

他狂饮、暴食、豪赌，酷爱女色，仍未改掉学生时代的流氓恶习。

有一次，他去访问友人，这位朋友有意和他开玩笑，将大门关上，并用椅子顶住大门，不让他进去。 但是他却翻墙入室，走到客厅窗外，拔枪向屋内天花板射击，这种粗暴的举动吓坏了他的朋友，赶快开门将他引入。

他的暴力与恶行影响了他的婚姻。 他与附近的农家女孩订了婚，但对方家长极力反对，以致婚事因此触礁，这事使他终身怀恨。

俾斯麦为了排解忧烦，决定到英国去旅行，当时他二十七岁。 船只抵达英国的时候，正逢星期日，上岸后，他吹着口哨在街头漫步。 这时，走在他身旁的一位英国人提醒他，星期日不准吹口哨。 俾斯麦听了之后，不发一言，掉头就走，立刻搭船渡海到了苏格兰。

他四处游荡，最后经瑞士返回故乡。 这时他发现自己的国家面积实在是太狭小了，心中想道：

"在这块小小的普鲁士土地上，我无从发挥自己的才能，与

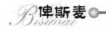

其在乡下种田养猪虚度光阴，倒不如变卖一切到各地游历。"

他脑海中想到碧蓝的地中海，和黑发柔肌的意大利美女。

"像拜伦一样，经由意大利到希腊去看看吧。"

他在自己心中描绘着美丽的南国山水。

"不，地中海太近了，到东方去吧！"

"对，到印度去，再到中国去"！ 他的雄心开始膨胀。

他开始准备行装，打算到印度去做漫长的旅游。

俾斯麦所崇拜的英国诗人拜伦

他想说服好友阿宁与他同行。

可是当他的这位朋友到俾斯麦家中一起商议旅行细节时，却与俾斯麦的妹妹坠入情网，而且很快地订了婚，于是阿宁放弃了远游。

俾斯麦不但没有找到一同去东方旅行的同伴，反而失去了善解人意的妹妹。 因此他不得不放弃去印度旅游的计划，而继续经营农庄。

如果俾斯麦按照预定计划到印度去旅行，欧洲的历史很可能要重新改写；从这个角度说来，阿宁的恋爱还是促成德国独立的重要因素呢！

事后有人问俾斯麦为何打消去印度之游的念头时，俾斯麦答道："我仔细考虑之后，发现自己并未遭受印度人的迫害。"这句话的意思是他没有理由到印度去和那些英国人一起欺负印度人。

虽然他取消了印度之游，但他喜爱旅行的个性却没有改掉，过了不久，他便到欧洲各地游历去了。

俾斯麦游过的地方有英国、法国、瑞士、俄国、匈牙利、意大利、西班牙、瑞典及挪威。 而且每到一地，他都写信给故乡的亲友，叙述当地的风土人情。

这种喜爱旅行的癖好，对他后来的发展有很大的影响，研究历史的人不可忽略旅行对俾斯麦政治业绩带来的益处。

对田园生活的倦怠

长久的田园生活使俾斯麦感到极端烦闷。

他已三十岁了。农庄事务已不再新鲜，而读书、旅行、饮酒仍无法消耗他充沛的精力，他产生了厌倦、郁闷与彷徨的心理。

他在日记中写道：

> 我已经孤独地在庄园中生活了五年，已无法再忍受乡下地主的生活。我正考虑该不该去做一位公务员，或再到更远的地方去旅游，我实在很无聊，像现在这种孤寂的生活实在乏味。与其这样，倒不如吊死算了！我想纵使是个有教养的人，独自住在乡下，也会有这种感受的。

他还写道：

> 最近不论我如何，豪饮都不易醉倒，我实在怀念以前那种狂饮烂醉的滋味啊！

妹妹的出嫁，更增加了他的孤独感。

他在给新婚不久的妹妹的信中写道：

> 最近我的生活很单调，每天巡视橘子园两次，察看羊舍一次，每个小时观察家中的四个温度计和晴雨表，

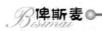

然后将家中所有的钟表对时，最后再将书房中会报时的
大钟对准。 这就是我最近生活的一切。

　　他也曾再次出任公职，但不到三个月，便由于与上司发生冲
突而辞职。

　　他还代替大哥担任过州议员，但却不久又觉得："我疲倦，
马也疲倦。"而不再出席议会。

　　俾斯麦虽拥有过人的精力和非凡的才干，但时运不济，以至
于闷闷不乐地隐居在田园，这段时间是他生活上的倦怠期。

　　不久，俾斯麦终于发现属于自己的日子来临了。

　　1845 年，他的父亲去世，他为了要继承雪思豪森的爵位，
而离开库宁堡返回故居。 他将库宁堡庄园出租给别人，当一切
手续办完后已是傍晚时分。 他想向四周景色告别，所以走向牧
场、田地、森林和小溪，心中充满着无限的依恋。

　　他虽然性情粗暴，但性格中仍有细腻的一面。 比方说，后来他
做首相时，有一次遇到伤心事，竟然在众人面前放声大哭。

　　俾斯麦实在是舍不得离开这充满了回忆的地方。 但他为何
一定要到雪思豪森呢？因为当地有一份公职等着他就任。 如果
一切顺利，不久便可竞选州议员，而后竞选国会议员，这样，他
就可以大展宏图了。

　　现在他想要追求的是名利。 他明白自己不能像父亲那样终
老乡下，他的血液里还有来自母亲的遗传。

　　他现在期盼的并非是成为地主贵族，而是登上普鲁士王国的政
治舞台，进而迈向全欧洲的政治之路。

　　同时俾斯麦身上还产生了另一种变化，这就是他重拾了爱与
信仰。

　　在他离开库宁堡数年前，当地便已开展宗教复兴的运动，他
的许多好友和亲人都脱离了自由教会而加入路德教派。

　　玛丽小姐是俾斯麦的好友之一。 她是有张鹅蛋脸的美丽女
子，与俾斯麦的好友毛利兹订了婚。 她第一次看到俾斯麦时就

爱上了他，但她已订了婚，而且信仰虔诚，只得一直隐藏自己心中的这段感情。可是她决定拯救自己心爱的俾斯麦的灵魂，使他重回教堂。

纯真的玛丽想为俾斯麦做的另一件事就是替他找一位理想的终身伴侣，她打算把自己的好友乔安娜介绍给俾斯麦。

玛丽与毛利兹结婚后的一天邀请俾斯麦和乔安娜到山上郊游，这是俾斯麦与乔安娜的初次会面。

当时正流行感冒，玛丽因这次郊游而生病，且病情严重，临终前，她将俾斯麦叫到床边，求他为她祈祷。

"在我闭上双眼之前，请你为我祈祷吧！"

性情刚烈的俾斯麦终于被玛丽说服，跪在床前虔诚地祷告。这是自他十六岁停止祈祷后，相隔十五年后的第一次。

虽然父母的死都未使他流泪，但玛丽之死使俾斯麦第一次感到椎心泣血的悲痛，他跪在玛丽的床边痛哭失声。

他说："这是我第一次感受到死别所带来的空虚之感！"

然而，他认为玛丽的灵魂绝不会轻易死去，因此开始进一步地思考永生的问题。

数周后，俾斯麦向乔安娜求婚，其实乔安娜早已爱上了俾斯麦，只是她一直期待俾斯麦能恢复信仰。当乔安娜看见俾斯麦跪在玛丽床边祈祷时，便已下决心为这位不平凡的男性奉献一切。

两人立即订婚。这一切都是玛丽所安排的，这位命运之神——善良的玛丽给了俾斯麦信仰与妻子。

坚定果敢获得爱情

俾斯麦对乔安娜的感情并非一般所谓的爱情。浪漫的俾斯麦过去曾结识许多美女，更是有过三次订婚的记录。但是，乔安娜却是位没有美丽的容貌，也无特殊才华的普通女子。她瘦小、黑发、灰眸，说她是北欧女子倒不如说是意大利女子。她不像玛丽般理智，反而有激动的感情；她行事总是欠考虑，会因一时的冲动而独断专行。 同时她的好恶之感分明，会为自己喜爱的人牺牲一切。

已步入而立之年的俾斯麦，所渴望的已不再是恋爱的侣伴，而是一位能够安慰他、拯救他脱离内心的空虚与忧郁，同时能为他建立一个安定家庭的妻子。 他要的妻子是不反对他，而支持他的女性。 像他母亲那样与丈夫背道而驰，终日忙于社交的女性，他是绝对不会要的。

如此看来，乔安娜正是他的理想对象。 而对乔安娜而言，俾斯麦也是位出乎她意料之外的好丈夫。

三十二岁的俾斯麦与乔安娜结婚照

如今，俾斯麦第一次感到内心平和。 现在的他是很幸福的，过去那种强烈的厌倦感已消失不见，他重拾了人间的真情与爱情。

然而，俾斯麦与乔安娜的前途仍有障碍，那便是乔安娜的父母。 他们认为，自己可爱的女儿不能随便嫁给一位品行恶劣、毫无宗教信仰、举止粗暴的酒鬼。

但是俾斯麦找到了自己理想的伴侣，而且已获得乔安娜的许诺，即使她的双亲反对，他也绝不会轻易地放弃。 因此这位政治家很快便下定决心，要将乔安娜从她父母的手中夺来。

首先，他开始了书信攻势。

俾斯麦
Bisimai

他从雪思豪森写了许多信给乔安娜，其内容不外是告诉乔安娜他的生活充满了宗教信仰，再加上乔安娜的感化，更坚定了他的宗教信仰之心。

　　他相信信件的内容必然会传到乔安娜双亲的耳中。乔安娜的父亲热衷于宗教复兴运动，对自己女婿的第一要求就是他必须怀着坚定的宗教信仰。

　　当这些准备工作完成后，俾斯麦采取了更进一步的措施和手段，这是很有效的方法，也是后来他对德国国内政治家和欧洲各国外交官所惯用的方法，我们由此也不难发现他的政治天赋。

　　有一天，俾斯麦去拜访乔安娜的父母。

　　他请求乔安娜的父母答应他与乔安娜的婚事，他说："现在我不想说我对令媛的感情是如何地深厚，我相信你们可从我的言行中看出，而且我不必立下无谓的誓言，因为如何判别一个人，你们必定很清楚。对于令媛日后的幸福我所能保证并切实做到的就是日夜对神祈祷。"

　　以上这段话实在不像是出自一个三十二岁的男人之口，反倒像一篇一流的外交官辞令。

　　但是乔安娜的父母并未因此动心，乔安娜固执的父亲在心中自忖道："你这小子，我连一次有关你的好评都未曾听过。"

　　正在僵持不下之时，乔安娜从房内走出来，这位未来的外交家毅然地采取行动，他突然站起来，走到乔安娜身旁，拥抱亲吻。

　　此乃奇袭之计。这种奇袭之法后来他也数度应用于威廉一世、德国多数政治家及拿破仑三世的身上，他的对手也大都败于此奇袭策略之下。

　　乔安娜的父母为此大吃一惊，他们未曾料到俾斯麦竟然敢在客厅，甚至他们的面前拥吻他们的女儿。他们不得不答应了他与女儿的婚事。于是，俾斯麦与乔安娜公开订亲。

　　订婚之后，俾斯麦发生了极大的改变。过去那种单身汉时的狂妄习性完全消失，隐藏于内心的英雄本色开始展现出来。

担任柏林州议员

萨克森平原是一片一望无际的小麦田，易北河贯流其中，河的南岸有一个小镇叫阿伦堡。

南方，距小镇不远的地方有一栋三层楼的楼房坐落于麦田中，四周有菩提树、黄杨树等环绕。这座建筑是 1700 年前后的楼房，已有一百五十年的历史，看起来古意盎然。

室内坚厚的墙壁上挂有兽皮和亚麻布等装饰，还有中国的山水画。洛可可风格的家具上都铺有绢布，但因年代过久，颜色早已褪落。

这一切都是中世纪封建时代的风格。像这类的贵族阶级的家庭在德国四处可见，镇上的百姓称呼这家男主人为男爵。

生活于封建气氛中的这些地主，在思想上也是封建保守的，他们重视家系，似乎认为不是贵族就不是人；他们也看重土地，觉得没有土地的人根本没有资格参与政事。

根据地主们的思想，我们可知当时的中产阶级是一群被轻视的暴发户，而中产阶级所主张的自由主义，更被视为一种邪恶的思想。

因此地主阶级的君主专制思想和中产阶级的民主自由思想产生了极大的冲突。这种冲突是 19 世纪欧洲各国的大问题。有的国家是保守主义得胜，而有的国家则是自由主义得胜。1815 年维也纳会议中组成的神圣同盟，便是保守主义的大本营，他们极力镇压自由主义人士，对他们或逮捕，或放逐。

但是，过度的镇压行动总有一天会引起反抗，因此各国君主也都惴惴不安。在当时，民众的力量日渐增强，民主主义运动开始生根。

在那个时代，年轻的政治家想有所作为，一定得利用自由主义浪潮。但是，俾斯麦却以反自由主义运动者的姿态进入政界。他究竟能否成功呢？

回到雪思豪森不久，俾斯麦便利用高明的政治手段，放逐了易北河的堤防监督官，自己接掌其职。

初春时候，易北河中的结冰渐渐消融，一旦冲到下游堤防，就会带来很大的危险，堤防监督官与一般公务员不同，随时会有生命危险。俾斯麦一连数月与河中冰块奋战，这种工作很适合他那富有挑战特点的性格，因此他工作得很愉快。另外这个工作是让河畔居民认识其才干的绝佳机会，是一条竞选议员的捷径。

当普鲁士国王公布要召开八州的州会，在柏林设立联合代议院时，俾斯麦欣喜若狂，他认为自己期待已久的时机终于来临了。

可惜的是，萨克森州的地主贵族们却选举俾斯麦为预备议员。但是，不久他便迫使一位议员以患病为由隐退，自己接任其位。

1847 年 5 月，在俾斯麦三十二岁时，他终于登上了柏林州议院的议席。

这个议会是订定普鲁士宪法的历史性议会。五百位议员中，保守主义派仅占七十位，自由主义派占压倒性的多数。自由主义派人士的共同目标是"统一德意志"，对此目标，普鲁士国王也深表赞同。先王曾反对统一德意志，他主张建立强大而有力的普鲁士，但现在的国王却赞同自由主义派的主张。

在这种情势下，俾斯麦应何去何从呢？虽然他极力反对自由主义派的主张，但却不愿意反对国王，因此他必须努力奋斗。他想他是为了奋斗而进入议会的，所以必须把握任何机会。

在议会上，俾斯麦攻击某位议员的发言，不过他的批评完全离题，其他的议员纷纷指责他的错误，然而他却继续发表演说。

全场议员都觉得忍无可忍，他们受不了这位最年轻的议员在讲台上大放厥词，在满场的喧哗声中，议长不得不敲击桌面要求肃静。

这时，俾斯麦从口袋中掏出一张报纸大声地宣读。议员们见到他这种不可思议的举止都惊愕了。随即俾斯麦再度开始攻击那位失言的议员。

俾斯麦所有的友人都认为他这次的演说是极大的失败，完全文不对题，但是一位颇有见识的人却说："噬血的狮子不久就要发出怒吼了！"

果然，不久这头狮子就以另一种姿态闪亮登场，从而令全欧洲闻风丧胆的日子已经不远了。

柏林革命的爆发

1847 年秋，俾斯麦与乔安娜结婚。经过大约两个月的新婚旅行后，他们回到了雪思豪森。

他们的婚姻生活一直都很幸福，乔安娜的宗教信仰逐渐弥补了俾斯麦心灵上的多疑和空虚，乔安娜牺牲奉献的精神换来了家庭的安宁祥和。俾斯麦非常幸运地娶了一位与他母亲截然不同的女性。

新婚旅行回来之后，俾斯麦在雪思豪森度过了六个月的快乐时光，这期间国王已将议会解散。这短短的六个月，可能是俾斯麦一生中最平和的时期。

第二年即 1848 年，

1848 年的柏林革命

柏林爆发了著名的自由主义的革命运动。

1848 年 3 月 19 日，当俾斯麦带着新婚妻子拜访朋友华尔顿伯爵时，屋外突然传来一阵急促的马蹄声，马车停住后，几位女佣匆忙跑入屋内说："不好了！不好了！柏林发生革命了，国王已被民众俘虏，幸好我们逃了出来。"

俾斯麦立即与妻子回到雪思豪森家中，他一展抱负的机会终于来了。

他要走的路只有一条——无论如何要保护国王，镇压革命。

他迅速召集镇上所有的农户讨论攻击柏林的计划，集中村内所有的武器——共有七十支枪，并马上派人到镇上购买弹药。俾斯麦决定以这些武器和人马去镇压柏林革命。

然而俾斯麦马上恢复了政治家的本性，否定了这种轻率的举动，决定单身前往柏林。途中他经过国王的行宫波茨坦，才知道国王已下令禁止很有可能夺回柏林的御林军出动。他为国王的怯懦感到愤慨，立即求见国王的弟弟威廉亲王。不巧的是这位亲王已逃离皇宫，俾斯麦只好退而求见亲王的王妃。

俾斯麦被引入佣人房内，王妃早已在等候他的参见。因为怕人窃听，所以才安排在佣人房内会谈。他们商议着一件惊人的计划，这件事影响了俾斯麦的一生。

据俾斯麦亲笔回忆录所记载的谈话内容是：

> 王妃拒绝回答我的问题（俾斯麦想知道亲王的行踪），反而说她有权保护自己的儿子。王妃认为国王和自己的丈夫已无法保有王位，所以想让王子登基，在王子未成年时由她摄政。为了这件事我正式求见自由党首领温克。

短短的叙述中却含有深刻的意义。

原来，普鲁士国王威廉四世是一位没有主见的君主，一会儿赞成君主专制，一会儿又同情自由主义，意志薄弱。国王没有王子，他的弟弟威廉亲王是继承王位的第一人选，可是威廉亲王是一介武夫，而亲王王妃是魏玛王公之女，精明能干，她认为国王已宣布退位，而自己的丈夫没有希望继承王位，所以打算让自己的儿子登基，由她摄政，以维持普鲁士的君权。

亲王王妃早就得知俾斯麦是议会中保守派的硬汉，所以想借他的力量集合保守党人士实现她的计划。 但是这个计划若失败就等于犯了叛逆罪，俾斯麦应该如何处理呢？

俾斯麦的日记上只有草草两句话："为了达成此目的，我正式求见温克，要求自由派人士协助。"但事实上，温克对此事是个热心的赞助者，俾斯麦却是个反对者。

当俾斯麦去拜访温克时，温克极为热心地告诉他应以王妃之力去说服保守派人士。

可是俾斯麦威胁温克说："这样做会犯叛逆罪！"

温克大为恐惧，所以放弃了支持王妃的念头。 这就是当时的真相。

王妃因计划未成而怨恨俾斯麦，处处反对俾斯麦，后来形成宫廷内的反俾斯麦党人，使俾斯麦受到诸多困扰。

俾斯麦离开温克家后，随后就去拜访守备柏林的军队司令官，他想借助军事力量镇压暴乱，但未能如愿。 俾斯麦又想请国王下令出动军队，因此转赴王宫，但却无法谒见国王。 失意之余，只好黯然返回雪思豪森。

1848 年他的做法失败了，但是他以同样的态度处事，离他获得辉煌成就的日子也不远了。

国王威廉四世在答应民众的要求决定公布宪法后，才被允许从柏林王宫返回到波茨坦宫中。 国王回宫后，立即命自由主义派内阁订定新宪法，并召开新议会。 俾斯麦以新议员的身份出席了议会。

议会召开时，首先宣读了国王诏书，文中确定当德意志统一之后，普鲁士必须是德意志的一部分并尽其义务。

俾斯麦听了之后，忍不住跑到了讲台上。 他因过于激动而

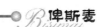

数度语塞，但是他仍大声说道："如果按照一种崭新的方法来统一德意志，建设德意志，我也会由衷地赞成，但是目前是不可能做到的……"

腓特烈·威廉四世

话没说完，他因过度激动又再度语塞，同时流下了眼泪，在讲台上放声大哭。他是气愤国王过于懦弱，向人民和自由主义者屈服，丧失了统一德意志的机会。

俾斯麦是个普鲁士至上主义者，他相信只有靠普鲁士精锐的军队才能统一德意志，光靠民众和议会是绝不可能完成统一大业的。因此当他看到国王向自由主义派屈服时，全身热血沸腾，禁不住激动得放声哭泣。

然而，俾斯麦的做法却没有得到谅解。议员们认为立宪是时代潮流，而他们面前竟有一位不合潮流的贵族议员，仍在怀念中世纪的封建时代，这实在让他们难以容忍。

在 1848 年的欧洲政治舞台上，俾斯麦应该说是一位落伍者。

★✿✿✿✿✿★
资料链接
★✿✿✿✿✿★

柏林 1848 年革命

革命前夕，德意志是一个四分五裂的邦联，德意志邦联由三十五个邦和四个自由市组成。这种分裂状态严重地阻碍着资本主义的发展。南德的巴登公国首先发难，迅速波及德国西部和西南诸邦，各地相继成立了资产阶级自由派内阁政府。3 月 13～16 日，普鲁士首都柏林的工人、市民和大学生连续举行示威游行，并同政府军展开战斗。

国王腓特烈·威廉四世调动大批军队，向起义中心地区进攻。经过激烈的战斗，起义人民取得了胜利。国王被迫把军队撤出柏林，同意召开有资产阶级参加的议会，并于3月29日任命资产阶级自由派首领康普豪森组阁，柏林三月革命的胜利果实落入资产阶级手中。

德意志各邦革命的胜利，并没有解决德意志的统一问题。资产阶级以解决德意志统一为名，于5月18日在莱茵河畔的法兰克福召开国民议会。参加法兰克福国民议会的都是资产阶级的代表人物。会议没有取得任何实际结果。6月29日，议会选举奥地利帝国的约翰大公为德意志帝国摄政，并组成了帝国政府。1849年3月，议会通过帝国宪法，确定某些自由、民主权利，选举普鲁士国王腓特烈·威廉四世为统一的德意志帝国皇帝。但威廉拒绝加冕，普鲁士和奥地利各邦君主也不接受国民议会通过的宪法。同年5月，德意志西南各邦人民发动起义，掀起维护帝国宪法的斗争，结果失败。这期间，大多数议员被各自的邦政府召回，剩下的议员迁到斯图加特，最后于6月18日被符腾堡的军队驱散。7月，法兰克福国民议会瓦解，1848年革命结束。

担任法兰克福大使

德意志人民十分企盼德意志的统一，但只要奥地利首相梅特涅存在一天，统一德意志的愿望便难以实现。梅特涅在法兰克福召集德国邦联会议，讨论德意志问题，派遣奥地利大使为议长，建立奥地利霸权。

让人意想不到的是，1848年的自由主义暴动赶走了梅特涅，德国诸邦的自由主义力量逐渐抬头，准备以人民自由、独立的名义，完成德意志的统一运动。

1850年夏，奥地利决定在法兰克福重新召开停废已久的德国邦联会议，同时通知普鲁士参加。此举完全无视普鲁士在艾福召集德国北部诸邦组织邦联的事实。加以德国北部诸邦的一

39

个邦国废止了 1848 年革命时期制定的宪法，恢复奥地利式的专制政体，并得到奥地利的庇护保证，这纯粹是对普鲁士提出的公然挑战。

当时自由主义者主张以普鲁士为中心，建立立宪的德意志，而反对者则希望以奥地利为中心建立专制的德意志。

普鲁士屡次受到奥地利的侮辱，国民愤怒之情高涨，威廉亲王、外相及参谋总长等，一致主张对奥宣战。

时任奥地利首相的梅特涅

俾斯麦却主张和平解决此事，这是他觐见国王后所表示的态度，同时也是代表保守的内阁阁员的想法。他的这种态度与其说是因对战事没有胜利的把握而造成的，倒不如说是恐惧战事的结果会使国内自由主义者的势力趁机扩大。因此俾斯麦主张的合理办法是与专制主义的奥地利讲和，以防止普鲁士国内自由主义的势力增长。

接替梅特涅为奥地利首相的是舒森堡。1850 年 11 月，舒森堡召见了普鲁士的首相兼外相曼特斐，对其严词责备，普鲁士外相忍受了这些屈辱，表明普鲁士无意领导统一德意志，并保证重回两年前脱离的法兰克福邦联会议。

此事传到柏林后，全国国民大为激愤，宣战的怒涛声四起。

平素比任何人都重名誉、爱国家而易怒的俾斯麦，究竟会持什么样的态度呢？

他站在议会讲台上为政府辩护，支持首相兼外相所做的决定。

他极力说明对奥宣战的不利后果，并对自由派议员说："各位曾在 1848 年 3 月 19 日柏林革命时，企图把普鲁士军队改为国会的军队，这是万万使不得的，因为普鲁士军队永远是国王的军队，这次的约定并未损及普鲁士的名誉，普鲁士真正的名誉是不与民主主义同盟。"

这段话代表了俾斯麦一向坚定的信念。

而俾斯麦这次的演说却另有目的。他不是说给议员们听，也不是说给人民听，他的目的是要把这番话传到国王耳中。他的志向是脱离议员身份而担任政府要职。

俾斯麦的大胆演说果然有了反应，次年春天，他被任命为驻法兰克福邦联会议的普鲁士代表，随后升任为大使。这是普鲁士重要的外交使臣，这对于年仅三十六岁的俾斯麦来说，应该算是破格提拔了。

普鲁士与奥地利的关系

德意志民族的产生是一个延续了许多世纪的过程。一般认为，德国历史开始于公元919年。在这一年，萨克森公爵亨利一世取得了东法兰克王国王之位，建立了德意志王国。亨利一世的儿子鄂图一世继承王位后为了取得所谓上帝授予的皇权，于公元962年强迫教皇约翰十世在罗马给他加冕，称为"罗马皇帝"，德意志王国便称为"德意志民族的神圣罗马帝国"，史称"第一帝国"。神圣罗马帝国始终不是一个中央集权的统一国家。随着地方封建势力日益强大，皇帝的权力便不断衰落，形成了不少的邦国。在这四分五裂的帝国中，最大的两个邦国是普鲁士和奥地利。

在17～18世纪时，它们都发展成为当时欧洲大陆的强国。19世纪初，当拿破仑占领德意志时，取消了德意志的神圣罗马帝国皇帝称号，有名无实的神圣罗马帝国就不复存在了。19世纪后半期，普鲁士通过三次王朝战争，实现了德国在普鲁士控制下的统一。1864年对丹麦战争后，普鲁士和奥地利迫使丹麦割让石勒苏益格——荷尔斯泰因地区。在1866年普鲁士和奥地利的战争中，奥地利败北，于是奥地利不得不脱离德意志邦联。德意志邦联解体后，代之而起的是包括莱茵河以北所有各邦在内的、由普鲁士主导的北德邦联。普鲁士在1870年爆发的普法战争中击败法国，翌年1月18日，普鲁士国王威廉一世在法国凡尔赛官加冕为德意志皇帝，是为"第二帝国"。

在法兰克福出任大使时期是俾斯麦一生中的重要转折点。

俾斯麦在政治上才华横溢，19世纪的欧洲历史正是在他的影响下展开。

德国的城市法兰克福

法兰克福时期是俾斯麦思想上的转折点，从他的私生活上变化就可以看出，他似乎变成了另外一个人。

以前，俾斯麦毫不在意自己的职位，不如意时就随意辞去，非常任性。在那栋有着一百五十年历史的住宅中，他被农奴称为男爵，兴致好时不分昼夜地看书，兴致不好时带着枪，淋着大雨连续打猎数十小时，回家后，再豪饮香槟，大吃火腿，睡上十四个小时的大觉……但是在法兰克福，这些自由便不复存在，因为他必须耐心地与上司协调。威廉四世好恶感强烈，性情善变，不过他很喜欢俾斯麦，所以要讨好皇帝并不困难。 而深受皇帝信任的吉拉也常在国王身边说些俾斯麦的好话，因此对俾斯麦而言，如何取悦吉拉才是最重要的事。

俾斯麦对这个介于自己与国王之间的重要人物，使出了浑身解数，极力迎合他。 从他当时的书信中，可看出俾斯麦花费了极大的心机笼络吉拉。吉拉是军人出身，为宫中阴谋家，他看出与俾斯麦携手将对自己有利，所以尽量在国王面前为俾斯麦说好话。

吉拉和曼特斯斐

俾斯麦第二个要奉承的人是当时的首相兼外相曼特斯斐。 说起来曼特斯斐才是俾斯麦真正的上司，因为俾斯麦为驻外大使，一切都得听命外相，所以这位首相兼外相理应是他最需要巴结之人。 但是在君主专制国家，政治实权并不属于内阁，所以对俾斯麦来说，取得曼特斯斐的好感远不及得到宫廷的信任更为重要。

俾斯麦明白，如果不能得到皇帝的信任，首相之职便轮不到他。 这也是专制政体下为人臣的无奈之处。 曼特斯斐之后的最有力继承者就是俾斯麦，因此与其说曼特斯斐是他的长官，倒不如说是他的政敌。 俾斯麦深知其中道理，而曼特斯斐也十分清楚这种微妙的关系，所以在他们二人之间根本无和谐可言。

俾斯麦被任命为大使，其实并不是曼特斯斐的意愿，而是吉拉一班人的计划，所以曼特斯斐对俾斯麦怀有敌意。 曼特斯斐是位心胸狭窄、性情狡诈、优柔寡断、伪称自由主义的小人，与俾斯麦的个性截然不同，曼特斯斐知道自己的地位不够稳固，而俾斯麦又是一个个性刚烈的对手，所以他尽量避免与俾斯麦发生正面冲突。在表面上，他从不对俾斯麦的意见表示反对。如此一来，似乎是由驻法兰克福大使在操纵柏林的总理大臣进行外交政策。

虽然表面上曼特斯斐不敢与俾斯麦作对，但暗地里他却伺机进行破坏。在这种微妙的关系下，俾斯麦竟然担任法兰克福大使有八年之久，并且表现卓越，实在是令人佩服！由此看来，俾斯麦并不是一位傲慢顽固、有勇无谋的莽汉，而是一位足智多谋的优秀政治家。

当时普鲁士在德意志邦联的地位朝不保夕，德意志各邦互相争斗，情势混乱。同时拿破仑垮台后的国民解放运动唤醒了大家的民族意识，民族统一的运动蓬勃发展。但是统一德意志的重心应该放在哪里呢？这是爱国志士难以抉择的重大问题。

专制还是立宪？君主还是民主？保守还是自由？这些问题在不断地困扰着德意志，不但在普鲁士议会内有派系之争，同时宫廷中也形成了两大势力彼此夺权。

政界与宫廷的派系斗争，常常导致普鲁士的外交政策产生分歧，引发巨变。而今地位最重要的法兰克福大使俾斯麦，他决心在德国外交史上开拓一个新的局面。也就是说，他不要求自由主义人士的配合，只是希望保持国内的专制政体，驱逐邦联内的奥国势力，再与自由主义者协调经由普鲁士领导，完成德意志的统一。

这类伟大计划常被天才政治家所采用。如英国的天才政治家狄斯累利，曾在 1867 保守党内阁下实行自由党所标榜的普选政策。

可是，俾斯麦能否将专制政治与国家统一顺利地协调一致呢？事实上统一德意志必须得到德意志诸邦的支持才可行，若无国民舆论的同情，统一是不可能的。然而国民舆论操纵在自由主义者之手，而今俾斯麦与全国国民为敌，他将如何统一德意志呢？

四十岁时派驻于法兰克福
的俾斯麦

俾斯麦不愧为天才政治家，他有其独特的见解，那就是借助普鲁士陆军的力量完成统一。 这便是他后来的著名口号——"铁血政策"。

但是在时机未成熟前，他将这个重大决策深藏在心中。

欧洲外交界将因俾斯麦的独特创见而产生极大的改变，俾斯麦已明确地肯定了他的政治目标——统一德意志！

法兰克福八年的大使生活丰富了俾斯麦的见识，使他领悟了时代的潮流，而奥地利大使的傲慢不逊，更刺激了他一心一意要统一德意志的决心。

俾斯麦有意驱逐奥国势力，完成统一大业，但是如何实行这个理想呢？他想从担任首相开始。

法兰克福的邦联会议虽由日耳曼诸邦派代表参与，但实际上是由奥地利大使掌握全权。 尤其自腓特烈大帝以来，奥地利视普鲁士为第一大敌，经常借机侮辱挑衅。

★☆★☆★☆★☆★
资料链接
★☆★☆★☆★☆★

腓特烈大帝

腓特烈大帝（1712～1786 年），普鲁士国王、统帅（1740～1786年）。 史称腓特烈二世或弗里德里希二世。 其父是普鲁士国王腓特烈·威廉一世，其母是英王乔治二世的妹妹。 自幼深受其父的军事思想和其母的英国文化的影响。1740 年继承王位，推行"开明专制"。 对内维护容克地主阶级利益，进行一系列改革。 在军事上扩大军队，增加军费，推行军国主义政策；在经济上致力于经济复兴，

俾斯麦
Bisimai

建立集中统一、讲求实效的经济管理体制；整顿司法；改革文化教育，实行宗教宽容政策。对外多次发动侵略战争，扩充疆土。1740年、1744年两次对奥作战，攫取了西里西亚；1756～1763年与英国结盟，发动七年战争，打败奥、法军队，签订《胡贝尔茨堡和约》；1772年同俄、奥第一次瓜分波兰，吞并了下维斯瓦河流域的西普鲁士，使波美拉尼亚与东普鲁士连成完整的一片地区；1778～1779年发动对奥的巴伐利亚王位继承战争，进一步加强了普鲁士在欧洲的地位；1786年联合北部和中部的十五个德意志邦国，组成"诸侯同盟"，打击奥地利，扩大普鲁士在德意志境内的影响。其政策促进了普鲁士的发展壮大，但连年战争给人民带来了深重灾难，也助长了后来的德国军国主义的形成。

法兰克福会议的议长是奥地利大使，他总是以上司对下属般的态度来召开会议。奥使召见诸邦使节时，都坐在椅子上，来访者则必须站立回答，会议席上，唯独奥使口叼雪茄，其他公使则一概不许抽烟。

性情刚烈的俾斯麦对此当然无法容忍。一次，当他拜会奥使时，见奥使坐于椅上，他便不发一言地拉了一张椅子坐下与奥使交谈。他的举动打破了数十年的习惯，此后各国公使也都与奥使对坐交谈。又有一次，俾斯麦见奥使在议席中口叼雪茄，他便走到议长面前，掏出口袋中的雪茄对他说道："借个火吧！"

在各国大使惊愕的目光下，俾斯麦点燃了雪茄，然后大模大样地走回自己的席位。从此以后，各国公使也都照样在会议上吸烟，数十年的惯例终被打破。

还有一次，奥使擅自篡改会议记录，并向议会报告："如果诸位认为记录有误，无异在指责我是个说谎者。"

当时奥使高高站在议席上傲视着全场，想不到俾斯麦当即站起来说："一点不错，阁下就是个说谎者！"奥使当下就要与俾斯麦决斗，而俾斯麦立刻接受挑战。后因经人调解，订正记录，才将此事平息。

后来继任奥使者也同样更改会议记录，俾斯麦也同样地激烈抗议。奥使依照绅士礼仪要求决斗，并决定在附近森林中采用手枪决斗的方式。俾斯麦则泰然自若地回答道："何必到那么远的地方去呢？就在这庭院中决斗好了。现在身边就有手枪，我可以马上叫大使馆的武官做见证人，你也立刻选定一个见证人，这样不就一切都解决了吗？不过在决斗之前我有一个要求，我得把这一切经过写信告诉国王，请你给我一点时间。不然的话，世人会误以为我不循外交途径而以武力解决这件事情呢！"

于是，俾斯麦立即提笔写信，奥使在惊慌之余，只得俯首认错，取消决斗之事，两人言归于好。

作为国家大使，行事必须谨慎，稍有差错便会引起两国间的战事，俾斯麦屡次与奥使作对，当然了解此中的危险，但他却能以国家利益为重，可见其过人的勇气。而奥使无法以武力使他屈服，可知除了勇气之外，他还有过人的智慧。

曾经有一位奥使评价俾斯麦说："他的头脑明晰，为了达成目的可以不择手段，且深谋远虑，行事彻底，是位可怕的人物！"

在一次晚宴时，奥使见俾斯麦胸前挂了许多勋章，故意问道："这么多的勋章，是你在哪次战争中立功而得的呢？"

俾斯麦却提高声音正色回答道："这些都是在法兰克福战争中立功而得的。"

在诸如此类的应酬谈论中，俾斯麦凭借他那过人的勇气、伶俐的口齿、聪明沉着的态度，让对手无计可施。因此法兰克福议会渐渐变成俾斯麦一人独演的舞台，他们一个个被他玩弄于股掌之中，而无力与之

1848 年的法兰克福议会

抗衡。

　　然而俾斯麦这种粗野的态度，却不为当时的外交界所接受。他在法兰克福的名誉一天天在下降，在他与妻子乘坐马车出游时，甚至会遭到路人丢掷石块的攻击。不过俾斯麦对于世人的批评一概不予理会，他认为世人的批评就像天上的浮云，时聚时散，并不可靠。因此他不信任民众，并从内心轻视他们。

　　从法兰克福的经验中，俾斯麦体会到奥、普两国绝不能共存，因此他决心攻打奥地利。为了达成这个目的，必须要拉拢哪些国家呢？经过慎重考虑，俾斯麦终于决定笼络俄、法两大强国。

　　俾斯麦担任法兰克福大使时期，爆发了克里米亚战争。土耳其、英、法、撒丁王国联合对俄宣战，攻打克里米亚半岛，战争形势似乎对联盟有利，所以奥、普有意加入。在数年前匈牙利独立革命的暴动事件中，奥因俄国派兵援助而镇压了匈牙利叛乱，不料现在奥国却恩将仇报，欲加入三国同盟，为此，俄国深为痛恨。

　　此时的俾斯麦断然主张普鲁士保持中立。他想借此机会卖个人情给俄国，希望在以后注定要爆发的普奥之战中，俄能采取中立或给予援助。正如俾斯麦所希望的那样，普鲁士的中立获得了俄国的感谢与信赖，但他的这种做法却引来了英、法两国的反感。俾斯麦的恶名在英法两国政要间流传。

　　在一次宴席中，法使对俾斯麦说："你这种策略很可能导致第二次耶拿之战。"但俾斯麦说："不，你为什么不认为这是莱比锡或滑铁卢呢？"

　　众所周知，莱比锡与滑铁卢乃法军惨败之地。

滑铁卢战役

　　英、普、奥等组成的第六次反法联盟，终于打败了拿破仑，拿破仑被迫退位，被放逐到他的领地厄尔巴岛上，波旁王朝复辟。

但拿破仑并不甘心自己的这次失败，他仍然在关心着时局的发展。1815年初，反法联盟在维也纳开会，由于分赃不均而大吵大闹，以至于剑拔弩张、横刀相向。同时，法国人民由于封建贵族的残酷统治，越来越不满意波旁王朝的统治而更加怀念拿破仑时代。

拿破仑见时机已成熟，便决定东山再起。1815年2月26日夜，拿破仑率领一千零五十名官兵，分乘六艘小船，巧妙躲过监视厄尔巴岛的波旁王朝皇家军舰，经过三天三夜的航行，于3月1日抵达法国南岸儒昂湾。拿破仑感慨万端、兴致勃发，立刻在岸上发表了热情洋溢的演说："士兵们，我们并未失败！我时刻在倾听着你们的声音，为我们的今天，我历经重重艰辛！现在，此时此刻，我终于又回到了你们中间。来吧，让我们并肩战斗！胜利属于你们，荣誉属于你们！高举起大鹰旗帜，去推翻波旁王朝，争取我们的自由和幸福吧！"

士兵们在拿破仑的鼓舞下，热血沸腾。部队开始进军巴黎。沿途所到，不少人欢呼雀跃。波旁王朝派出的阻击部队，因多是拿破仑旧部，所以纷纷归附，这样，到3月12日，拿破仑未放一枪一弹，顺利进入巴黎。此时，他的部队已发展到一万五千人。路易十八看到大势已去，仓皇逃出巴黎。3月19日，拿破仑在万民欢腾声中，重登王位。正在维也纳开会的反法联盟各国首脑，惊恐万状，立刻停止争吵，并马上拟定了临时宣言，称拿破仑是世界和平的扰乱者和敌人，他"不受法律保护"，与此同时，他们迅速集结兵力，到3月25日，英、俄、普、奥、荷、比等国结成了第七次反法联盟，并有重兵七十万。联军准备分头进攻巴黎：巴克雷指挥十七万俄军和二十五万奥军集结在莱茵河方面，向洛林和阿尔萨斯推进；弗里蒙指挥奥地利-撒丁联军六万，集结于法意边境，准备随时向法国进军；普鲁士的布吕歇尔元帅率十二万普军、三百门大炮在沙罗瓦和列日之间集结；英国的威灵顿将军指挥一支由英、德、荷、比国组成的混合部队约十万人、二百门大炮，驻扎在布鲁塞尔和蒙斯之间。另外，联军还有一支三十万人的预备队。

联军约定在6月20日左右开始行动。

法军方面，拿破仑也在加紧备战，到6月上旬，已有十八万人集结在鹰旗之下，他希望到6月底能有五十万人上阵。但令拿破仑遗憾的是，过去富有作战经验的老将已不愿再为拿破仑效力，这对法军非常不利。对于联军的强大阵容，拿破仑认真地进行了分析，他决定要化被动为主动，以攻为守。他认为威胁最大的是比利时方面的英普军队，所以要集中主要兵力对付；而莱茵河、意大利方面的联军，只要派少量兵力进行牵制就行了。同时，他还决定，要趁联军尚未会齐的时候，争取战机，率先击溃英普联军，打败了威灵顿和布吕歇尔这两个老将，其他联军便好应付了。

计划已定，拿破仑便于 6 月 12 日派十二万五千法军（其中有近卫军两万人）、火炮三百门，悄悄移动到比利时边境，驻扎到离普军只隔一片密林的地方展开了战斗。

滑铁卢位于比利时南部，离首都布鲁塞尔不远。英军驻在一个山冈，由威灵顿率领，法军则由拿破仑亲自指挥。清晨，下起滂沱大雨。上午 11 时 30 分，天气转晴，拿破仑下令出击。

"威灵顿是什么东西竟敢向我挑衅，简直是螳臂挡车，以卵击石！我不必用一顿早餐的时间，就能将他们歼灭。"拿破仑说。

法军越过低洼地带，向英军驻扎的山冈奋勇冲去。英军顽强抵抗，炮弹像骤雨般落在法军的阵地，法军死伤惨重，不得不撤兵。下午 1 时，法军第二次进攻英军阵地，还是无法得逞。拿破仑正伺机发动第三次规模更大的攻势时，用望远镜向四周瞭望，侦察敌情。他突然看见东边远处黑压压的一片。"那是什么？"拿破仑问。"大概是一片森林吧！"一个中尉回答。"不，这是兵团。"拿破仑凭丰富的作战经验，做出了正确的判断。于是他下令："抓个活口来问！"过了不久，法军逮到一个普鲁士骑兵军官来审问，军官回答说附近只有一个兵团。拿破仑心想：区区一个兵团，有什么好怕。可是他万万想不到前来进攻的普军，实际上是三个兵团呢！拿破仑自以为兵员充足，有恃无恐。在他的指挥下，八十门大炮同时瞄准英军的阵地进行炮轰。法国骑兵浩浩荡荡地登上了英军驻守的山冈，拿破仑信心十足，以为胜利在握，哪知道突然枪声大作，埋伏在四周的英军将法军团团围困，法军措手不及，伤亡无数，只好向后撤退。

拿破仑百思莫解，自言自语地说："为什么我不能打败英军呢？"按照拿破仑一贯的作战策略，先是用大炮猛轰，然后派骑兵冲锋，最后才由步兵出击。而这一天，骑兵冲锋之后，却没有步兵支援，原来法国步兵都在右翼抵御普鲁士三个兵团的进攻，无法突围。下午 6 时，拿破仑孤注一掷，把最后的四千名近卫军都调入进攻的行列，成败在此一举了。他把兵士排成七十人一队，爬上陡坡，拼死向前冲去。当他们距离英军防线不到六十步时，威灵顿突然站起来大声疾呼："全线出击！"英军的后备队排山倒海般地向法军扑去。

拿破仑简直不敢相信自己的眼睛。他的部队已经全部用上了，再也派不出一兵一卒，只好眼巴巴地看着自己的士兵任人宰割。拿破仑拿着望远镜，目睹这惨痛的一幕，无奈地叹了一口气说："一切都完了！"晚上9时，明月东升，普军突破法军防线，拿破仑的部队乱成一团，无法坚持下去，只得四处溃逃。拿破仑泪流满面，脸色苍白，带了1万名残兵退回巴黎，从此结束了他的戎马生涯。

6月22日，拿破仑第二次被迫退位，被囚禁在圣赫勒拿岛上，直到1821年郁郁而终。拿破仑的第二次执政，总共只有一百天左右，历史上称为"百日王朝"。滑铁卢战役是拿破仑军事生活中最黑暗的一天，他在这一天，上演了他的英雄末路。对于第七次反法联盟来说，滑铁卢战役中英普联军在比利时大败拿破仑，结束了拿破仑的统治。

但是，滑铁卢战役是全世界唯一一场失败者比成功者得到更多荣誉的战争。拿破仑的将士们至今还受到世人的崇敬，原因是他们为了拿破仑而誓死抗争到最后一秒钟。拿破仑的这场战斗，真正的彰显了他的个人精神，"一个不屈的男子汉"。正如维克多·雨果所说，"失败反而把失败者变得更崇高了，倒了的拿破仑·波拿巴仿佛比立着的拿破仑·波拿巴更为高大。"

莱比锡战役

拿破仑战争中的决定性战役，又称莱比锡各民族大会战。发生在莱比锡城下，故名。战争的一方是俄国、奥地利、普鲁士、瑞典组成的联军，约三十万人；另一方是拿破仑一世统帅的法军及莱茵联邦的军队，约二十万人。

拿破仑一世于1813年5月与第六次反法联盟交战。经6~8月的短时间停战后，开始了秋季战役。8月27日，法军在德累斯顿战役中告捷，但由于奥地利和瑞典加入反法联盟，法军被迫撤退。10月3日，普鲁士将领布吕歇尔、瓦尔斯泰特和格奈森瑙统率的西里西亚军队渡过易北河后，形成对法军的包围。为阻止反法联军的会合，拿破仑集结法军于莱比锡。 16 日在中部的瓦豪村发生激烈战斗，但反法联军占领瓦豪和林德瑙的企图未获成功。 下午 2 时，拿破仑开始反攻，为联盟军队所阻，法军在莱比锡北部的莫肯村的进攻也被击退。 17日，俄军和瑞典军到达，联军人数大大增加。 联军提议谈判，条件是将法国领土恢复到法国大革命之前，拿破仑将此视为对自己和法国的侮辱，拒绝接受。 18 日，联盟军队集中攻击莱比锡外围，莱茵联邦的萨克森步兵和炮兵投向反法联盟。 19 日上午，拿破仑开始向林德瑙方向撤退，由于埃尔斯特河上的桥梁被炸毁，法军后卫及伤员被困在莱比锡城中，经过艰苦巷战，莱比锡最终落入反法联盟手中。

莱比锡战役是拿破仑战争中最激烈的战役。 战斗中反法联盟方面丧失约五万四千人，法军死伤约三万七千人。 会战的直接结果是拿破仑在德意志的统治最终崩溃，莱茵联邦解体。 此后，反法盟军乘胜追击，兵临巴黎城下，巴黎守军投降。 1814 年 4 月，拿破仑不得不退位，被流放到地中海的厄尔巴岛。

现在俾斯麦已是普鲁士外交界的才俊，首都柏林的人都渐渐认识了他。 他曾以临时特派大使的身份前往维也纳，解决关税同盟的修改问题。

德国北部诸邦以普鲁士为中心，缔结关税同盟，作为统一德国的初步行动，但奥地利却想加以破坏。 俾斯麦很成功地排除了奥国的势力，当时他受到奥国朝野的严厉指责，但却得到一位知己，那便是年仅二十二岁的奥地利新皇帝弗朗茨·约瑟夫一世。

俾斯麦还曾前往巴黎会见拿破仑三世。 这件事使他在柏林的声誉大降。 这是因为拿破仑三世是打倒法国皇帝路易·腓力普，以革命手段夺取皇位的人，与他来往，显然是承认

奥地利新皇帝
弗朗茨·约瑟夫一世

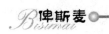
俾斯麦
Bosimai

欧洲的革命。

　　俾斯麦早已决定，尽管此举令普鲁士国王不悦，但他仍要接近拿破仑三世。 因为一旦普、奥宣战，普鲁士迫切需要法国保持中立，所以，拿破仑三世以革命手段登上帝位的事实已无关紧要。

　　这就是俾斯麦只重视现实、只重视国家的处事态度。 俾斯麦曾说："外交的目的在增进本国的利益，至于正邪的论调与外交无关。"也就是说，俾斯麦为了统一德国，不惜利用任何国家以达成目的。 后来他出任首相时，对外与拿破仑三世保持友好关系；对内则以武力镇压自由主义者的革命行动。 由此可见，俾斯麦处理外交与内政的态度截然不同，这也是他被人讥讽为双重人格的原因之一。 俾斯麦认为政治是现实的，不能以感情上的理论来衡量。

　　当俾斯麦会见拿破仑三世时，适逢拿破仑三世威震欧陆、势不可挡之时。 俾斯麦一改平日模棱两可的口吻，而直截了当地与拿破仑三世讨论外交事务。

　　拿破仑三世曾问俾斯麦："如果法、奥开战，普鲁士是否会支持法国？"俾斯麦巧妙而委婉地表示拒绝。 一般外交官若遇到这种重大问题，一定会以"必须和本国磋商后再作回答"来搪塞。 俾斯麦却直接表明了自己的意见："陛下对臣的信任让臣甚是感激。 在此臣宣誓绝不将此事告诉他人，虽然

波拿巴王朝第四位皇帝
拿破仑三世

臣对此事无权决定，但依臣个人立场而言，普鲁士国王对于普、法联合之事可能不会同意。 所以关于这件事，臣以为最好不要向本国报告，这将有助于两国的友好关系。"

　　俾斯麦认为如果答应拿破仑三世的请求，日后法国会以干涉

德意志问题为口实而参与其事，同时他认为普、奥之战乃兄弟之争，最好不要有别国介入。俾斯麦的回答留给拿破仑三世极为良好的印象，因此日后普、奥宣战时得到了法国的中立支持。

俾斯麦一从巴黎返国，就向国王威廉四世报告了拿破仑三世的意见，同时建议邀请拿破仑三世到柏林。这件事触怒了国王，此后俾斯麦逐渐失去宠信，但是他并不在意，因为他心中有个征服奥地利的远大目标。

当俾斯麦认为自己登上首相宝座之日为期不远的时候，突然发生了一件事——威廉四世精神错乱了。过去已有些精神异常的国王，自 1857 年起，病情逐渐加重。第二年，在迎接俄帝乘坐火车旅行时，被俄帝的雪茄熏倒。普鲁士政治环境因而大变，俾斯麦的前途也随之改变。

出任驻俄大使

威廉四世精神错乱后，担任摄政王的威廉亲王已是六十岁的老人了。他就是后来历史上赫赫有名的威廉一世。

摄政王一向反对俾斯麦的做法，因此大家都以为他摄政之后，一定会疏远俾斯麦。可是军人出身的摄政王竟然舍弃私心而把国事放在第一位，他深知俾斯麦的能力，所以召见了俾斯麦。

"俾斯麦要成为首相了！"柏林的政要都这样议论纷纷。

事实上，摄政王召见俾斯麦的目

威廉亲王

的，只是要俾斯麦提供有关法兰克福情势的报告而已。 他心中早有打算，决定任用另一位平凡的公爵为首相，同时采纳新首相的建议，派俾斯麦为驻俄大使。

很显然，这项任命是将俾斯麦放逐国外，因为在普鲁士所有外交官中以法兰克福大使地位最高。

俾斯麦根据过去八年的经验，详细报告了法兰克福的会议情况，并强调普、奥难免一战的事实。 他坚决地说："这些问题迟早要以火与剑解决，除此之外别无他途！"他的这番话深深地打动了威廉亲王，而其见解不久便成为普鲁士的外交方针。

俾斯麦在俄国住了三年，大多数时间他都在旅行或住在柏林，同时，他在外交界的才能也日渐为世人重视。 大家都认为他做首相的日子应该不远了。 俾斯麦也使出各种政治手腕，在摄政王身边建立自己的势力。

俾斯麦在俄期间也趁机研究俄国的国情。

俄国皇帝是普鲁士摄政王的外甥，其母后是威廉亲王的姐姐，因此俄宫廷内充满了亲普之情，加以克里米亚战争时，普鲁士保持中立态度，故俄国上下都对俾斯麦深为感谢而大表欢迎。

19 世纪的俄国首都圣彼得堡

拿破仑及威廉二世都因与俄为敌而元气大伤，最后走向灭亡。 俾斯麦心里明白与这个疆域辽阔的国家开战，是徒劳无功而极为危险的。

在俾斯麦前往俄都圣彼得堡之时，法国与撒丁王国联军在意大利北部打败了奥地利，普鲁士国内的舆论都认为应该援助同文同种的奥地利，唯独俾斯麦以为不可，并认为普鲁士要击败奥地利的日子就快来临了，届时普鲁士最需要的就是法国的友好中立。

在国内，摄政王及一般有识之士都认为俾斯麦是众多外交使臣中的佼佼者，大家一致认为俾斯麦是首相的最佳人选。但事实上，首相的人选曾数度更易，却始终未轮到俾斯麦的身上，这一切都是王妃在捣鬼。

并且，俾斯麦的亲法政策也渐渐不为摄政王所认同，因为一向主张王位正统论的摄政王极为鄙视以革命手段夺取帝位的拿破仑三世。

然而俾斯麦却并不在意冒犯摄政王，这一点从他当时写给一位将军的信中便可看出："对我而言，不论国王是拿破仑三世或路易国王，法国仍是法国，我认为讨论国王是否正统，没有任何意义。"

由此可见俾斯麦的外交态度完全是采取现实主义的，他在决定国策时，绝不会掺杂丝

普鲁士威廉四世的王妃

毫的感情成分，所以他和那些从人道论出发的自由主义者永远水火不相容。有些人曾叹道："俾斯麦使德意志国家伟大，却令德意志人渺小！"

接下来这件事情的发展对俾斯麦影响很大。1861年1月，卧病的威廉四世离开了人世，摄政王以六十三岁高龄登上王位。但是新王的处境很艰难。因为军人出身的新王一直希望扩充军备，但大多数议员和王族都反对他的政策，唯一支持他的是陆军

司令。 在这种情况下，新王在即位当天就想到了退位。

对于新王的这种处境，陆军司令也在暗中为他物色能处理此难局的适当人选。 他想到了幼时一起长大的好友俾斯麦："今日能够辅助国王达成扩充军备目的的只有俾斯麦一人。"

因此他建议新王立即召回俾斯麦出任首相兼外相。 新王由于顾忌宫中的反对势力，只同意俾斯麦担任内相之职。

陆军司令立即拍发电报，催促俾斯麦速回柏林。

但是当俾斯麦得知自己仅是出任内相时，内心感到非常失望。 他感叹机会一次次地从他身旁流逝，难道自己就没有福气担任首相吗? 他写信回谢陆军司令的好意："你要我立即返国，我十分感谢，但目前我深深怀念故乡的田园和家族，恐将辜负阁下的好意! 同时在健康上，我也无法胜任此职，实在难以从命!"

俾斯麦赌气不去柏林，等他慢条斯理地回到祖国时，机会已经失去，新王连让他任内相的念头也已打消。 不过当俾斯麦在温泉胜地巴登拜谒新王时，恰值新王刚逃了一次暗杀危机，行刺的动机是国王无意统一德意志。 一向善于把握机会的俾斯麦就趁着新王意志动摇的时候，提出他前年就已计划好的统一方案，并加以详细说明。

根据俾斯麦的方案，将采纳自由主义者的部分建议，实行议会制度统一德意志。 因为过去德意志诸邦君主极力反对德意志统一的原因是担心丧失君权;而保守主义者的矛盾是想同时保有君权政治及国家统一;而自由主义者则主张削弱数十位小邦君主的君权，建立德意志议会，以普鲁士国王为新德意志的元首。十年前，俾斯麦曾认为这是民众革命而极力反对，但如今他却采纳自由主义者的主张——建立德意志议会，由各邦推选的代表组成上议院，由人民直接选举的代表组成下议院。

俾斯麦统一德意志的方案终于打动了威廉一世的心。

当时国王和俾斯麦都没想到十年后，俾斯麦会担任首相，组织统一德意志的新议会。

俾斯麦日渐成熟。 当他担任议员时，还是个极端的反动主

义者，当他出任法兰克福大使时，又变为反奥主义者，而如今竟然成为统一德意志及议会政治的推动者。

这证明了俾斯麦具有政治家最重要的条件——随时代而进步。对此俾斯麦事后说，"政治不是一种学说，而是实际的行动"。

陆军司令的推荐以及俾斯麦亲自谒见都未发生任何效果，国王依然无意任命俾斯麦出任首相，因为他顾忌王后和王子的反对。

如此看来，俾斯麦担任首相似乎已无希望。而依他的个性是无法继续担任驻俄大使了，因此他曾认真地考虑过："干脆辞去公务，回到故乡的田园去。"

不过他转念又想到罢官返乡随时可行，目前最好还是暂时忍耐吧！所以他又再度远离祖国，回到俄国。

与拿破仑三世的会面

1862年，普鲁士政局日趋不稳，前年年底的大选，自由主义者又获全胜，国王扩充军备的愿望更加难以实现，而国王和议会间的冲突也无法避免。可是在这种恶劣情势下，国王身

拿破仑三世与俾斯麦交谈

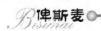

边却没有一位杰出人物，这使得国王处境极为不利。

这年春天，俾斯麦从俄都返回了柏林，但国王仍不让步，俾斯麦连内相之职都无法得到。因此俾斯麦使出他一流的战术，这是他后来常常用来对付国王而屡次见效的手段。那就是提出辞呈，这犹如对国王发出最后通牒。

俾斯麦提出辞呈后不到三个小时，他就被任命为驻法大使。

出使巴黎对俾斯麦而言，是一大挫折。不过他压抑了心中的愤怒，毅然地接受了新任命。

俾斯麦被派驻巴黎的时间并不长，可是在这短短的时期内，却发生了两件大事。

第一件事是俾斯麦与拿破仑三世的会面。

自五年前会面以来，这次是第二次，他们两人在八年后另有第三度的会面，而这最后一次就是色当城陷之日，是战胜的德国首相与战败被俘的法皇历史性的会面。

然而此刻他们两人并不知道将来的命运，二人并肩在巴黎郊外宫殿后面的森林小径上漫步。一位是声势如日中天的大国皇帝，一位是失意郁闷的小国大使。当时被全欧洲视为"神秘人物"的拿破仑三世，在克里米亚一役中击败俄国，另又击溃奥地利军队，在他的头上好像闪耀着他的伯父拿破仑的生前光辉，在其眉宇间也显示着法国皇帝的自傲神态。

不过在欧洲却有两位英雄早已看透这位"神秘人物"的底牌，一位是小小的撒丁王国首相加富尔；另一位就是俾斯麦。往后十年的欧洲历史就是这两位英雄在玩弄这位神秘人物，进而统一意大利与德意志。

拿破仑三世见四下无人，突

统一意大利的加富尔

俾斯麦
Bisimai

然对俾斯麦说："你的国王是否有意与我国同盟？"

这句话是个陷阱。

俾斯麦立即接口道："我国的国王对陛下个人有着深厚的友谊，过去我国报纸上出现的反法论调，现在早已不见。不过我认为同盟之事，必须真有必要而能使双方获益才可行；同时我认为结盟应有其动机与目的。"

法皇听后十分同意他的看法，并对他说："事情发展是很难料的，因此我们应早做准备。"然后建议法、普两国缔结外交同盟。同时明确表示，数日前奥地利已提出结盟之请，但为法国所拒绝，他以此暗示普鲁士若不能站在法国这一方，则法国将要与奥地利联合。

拿破仑三世的行宫

俾斯麦却王顾左右而言他，并不答应两国同盟。除此事外，俾斯麦究竟还和法帝谈了些什么呢？在他向本国报告的文书中并未提及，也许他隐瞒了某些重要事务，以备日后出任首相时处理吧！

第二件事是当俾斯麦访问英国首都伦敦时，遇见了狄斯累利。

那是在俄国驻伦敦大使馆举行的宴席中所发生之事，英国保守党领袖狄斯雷利应邀参加宴会。俾斯麦在宴席上口出狂言道："如果我取得政权，首先要扩充军备、养兵蓄锐，而后一举击败奥地利，解散今日的德意志邦联，在普鲁士领导下，重新统一德意志。"

这段话是俾斯麦在酒后微醒时所说，还是因失意自暴自弃所

说？其实这是俾斯麦惯用的伎俩，他知道坦白的言行往往令人怀疑，而得不到预期的效果，因此他经常利用人性的弱点，看似在欺骗对方，实际上却把真实情况告诉了对方。

可惜这次俾斯麦打错了算盘，因为十年后，支配英国政策的狄斯雷利并未被俾斯麦所欺骗，他警告在座的人说："你们要小心，那个家伙一定会如其所言行事。"

此时柏林政情日益险恶，随时都会发生不可预料的局面。国王与议会间为了扩充军备之事而相持不下。

国王面临着最后的抉择：是屈服于议会，放弃己见，还是解散议会，断然依照自己的意愿行事呢？

而此时的俾斯麦却离开了巴黎，来到了西班牙海滨度假，他身边有一位美丽的公爵夫人陪伴着，他们在碧波海浪

时任英国首相的狄斯雷利

中快乐地游泳。这时的俾斯麦因怀才不遇而感到失意，又恢复了少年时的风流性情。

柏林的陆军司令一再拍电报催促俾斯麦："情势紧急，速回柏林。"

可是这份电报并未传达到俾斯麦手上。直到 1862 年 9 月 18 日俾斯麦才接到电报。

领导德意志统一大业

天下的大问题,并不能靠议会辩论及
多数人意见改变……唯有铁和血才能解
决。失败是坚忍的最后考验。

——俾斯麦

"铁血宰相"登台

"时机到了!"

第二天,俾斯麦就立即搭乘夜车返回巴黎,再直奔柏林。此时首相的印绶正等待着他呢!

1862 年 9 月 20 日晨,俾斯麦到了柏林火车站。

柏林的情况又是怎样的呢?

两天前,国王召见王子,表示即将退位,而王子连诏书都不看便马上退了下去。

议会也否决了扩充军备方案。

军人出身的国王绝不会让步,可不懂政治的他实在不知该如何收拾此种局面。

陆军司令见情况危急万分,心里也十分着急:"俾斯麦这家伙,究竟跑到哪里去了?"

正在此时,俾斯麦回来了。

国王首先分析了目前的政局,而后坦白地表示:"在此国家有难之时,我找不到一位能挽救危局的有力内阁人员,因此我已决定退位。"

俾斯麦立即回答道:"陛下应该知道臣自今年 5 月以来,早已准备就绪,只待陛下授命。"

国王问:"卿是否准备力排众议,而强行扩充军备一案?"

"不错!"

"那么我以为自己也有义务在卿的支持下继续奋斗,我决意打消退位之念。"

9月23日,国王正式任命俾斯麦出任普鲁士首相,当时俾斯麦正值四十七岁的壮年。

新首相面临的形势是,除了国王与陆军司令,没有人能帮助他,举目所见,皆是敌人,他究竟应该如何计划才能担负此重任呢?

如果俾斯麦稍一不慎,不但他的前途将会毁于一旦,说不定还得赔上一条性命,甚至还会使普鲁士王室遭受覆灭的命运。

因为当俾斯麦初掌首相之职时,普鲁士为一贫穷小国,在国际上是没什么地位可言的。

全国上下都以好奇的目光注视着这位新首相。

俾斯麦担任首相的消息惊动了朝野上下。

"什么?这个流氓议员居然能担任首相?"柏林的政治家都大吃一惊。

从英国嫁来的年轻王子妃叹道:"这好像查理一世和斯特拉福。"

王后和王子也倍感讶异!

他们想到两百年前,英王查理一世因无视议会决定而课征重税,激怒了议会与民众,因此出现了民主英雄克伦威尔,发生革命事件,其结果是将查理一世和辅佐大臣斯特拉福爵士一起处死。

整个柏林似乎处于革命前夕般的紧张气氛中,人心惶惶。可是俾斯麦的行动却出人意料。

人们对他的过去印象是性急、傲慢、专断、偏狭、绝不妥协。但是担任首相后的俾斯麦却完全改变了!他似乎并不知道暴风雨即将来临,而仍悠闲自在地工作着。

他用冷静的头脑首先来解析、判研一切事务,从各个角度详细检讨,得到结论之后,便开始实行。

在选择内阁阁员时，他选择了自由主义派的党魁们入阁。其中之一的爱德卡，在日记中描述了他与俾斯麦见面的情形：

> 当我要去拜访他之前，心里想他可能是一位善于逢迎、懒惰而喜爱狩猎者，可是见面后不久，我完全改变了对他的看法。他身材高大、体格强健、举止优雅，站在门前热情地欢迎我。在握过手后，他顺手拉了张椅子要我坐下，并微笑问道："听说你也是个民主主义的反对者。"然后他又说到现在的政情和当初他反对革命主义时已完全不同了。并且叙述一些他在法兰克福所得到的许多有益的知识。

从这段描写中，人们又仿佛见到青年时代俾斯麦的风采。

如今人们所能见的俾斯麦画像，大都是他成为"铁血宰相"，威震全欧时的老年肖像。那魁伟肥壮的体格、炯炯有神的眼睛、威严的八字胡须、粗糙的皮肤以及冷酷的表情。不过在俾斯麦就任首相的时候，他年仅四十七岁，对未来的成败尚难预料。

中年时代的俾斯麦

从爱德卡的日记中可以看出壮年时期的俾斯麦：

> 我们可以知道他并非是像顽石般无情的一介武夫。虽然他体格魁伟，但动作却如运动员般灵活有力。同时他待客时满脸笑容，谈吐优雅，这一切都已不是昔日在哥廷根大学时整日与人决斗的不良青年，也不是在兴奥

森乡下成日狩猎的土绅士所能做得到的。而是他在巴黎社交界和俄国宫廷中历经磨炼所形成的典型外交官风采。

他将政敌一个个地拉拢,他可以随时翻脸,但在当时,减少一位政敌就是除去一份阻力,所以他采取笑脸外交,四面讨好。

不过,他也常向敌人显示他的拳头。所以上下两院的政治家们,在表面上虽迎合其笑脸外交,而暗地里都对他的拳头提高警觉。

当时俾斯麦的想法是怎样的呢?

有一次,新首相在议会失言,令全欧哗然,并使得普鲁士全国产生了轩然大波。宫廷内的反俾斯麦党人不断地逼迫国王下令放逐俾斯麦,而威廉一世则愁眉苦脸的,不知该如何处理。

究竟发生了什么事呢?

那是因为俾斯麦在议会中公然放言:"天下的大问题,并不能靠议会辩论便可解决,唯有铁与血才能做最后的决定!"

这句话犹如一枚炸弹,震撼了全欧政界。

一向谨慎的俾斯麦,为何如此失言呢?

事情经过是这样的:俾斯麦在下议院小组委员会中,对数十位议员及数位内阁阁员发表谈话,这是一次非正式的演说,连内容都未列入记录。当时他说:"虽然这不是我们所要求的,但却迟早会在德意志发生。德意志并不是惧怕普鲁士的自由主义,而是在静观普鲁士的实力演变。德意志诸邦早已踏上自由主义之途,而普鲁士所该做的,是集中力量以备日后之需。维也纳会议中所决定的普鲁士国界,对我们国民的健全生活极为不利。我认为天下的大问题,并不能靠议会辩论及多数人意见改变……唯有铁和血才能解决。"

他的最后一句话,被夸大地刊载在报纸上,甚至将铁与血的次序颠倒,改写为血与铁来大肆渲染,认为血就是流血,铁就是武器。 也就是说，俾斯麦要以战争的方法来统一德意志，而敌人当然是奥地利帝国和南部德意志的巴伐利亚王国。 维也纳和慕尼黑政府为此大为恐慌。

俾斯麦马上发表声明，澄清他所说的血是指血税（指老百姓有义务服兵役），即招募新兵，扩充军备之意，并非意味要发动战事。 然而世人并不愿意听他的解释。

而此时的威廉一世最为气愤，因为王后、王子及王子妃都齐声指责俾斯麦的不是。 当时国王一家人正在巴登温泉胜地度假。

俾斯麦偷偷地离开柏林，只身前往乡下车站迎接正在归途中的国王。

国王显得很不高兴，不待俾斯麦辩解就说："事情经过我都知道了，你必定会在王宫的墙下被民众砍下脑袋，然后……"

俾斯麦平静地反问道："那么然后呢？陛下？"

"然后？然后我们两个就都死掉了！"国王大声地吼叫着。

俾斯麦接着说："一点都不错，陛下！到那时我们都已经死掉了！不过陛下，请您想想，反正是难逃一死，难道还有比这种死法更有意义的吗？臣希望为陛下与祖国奋斗而死。 陛下，请您想想路易十六，他懦弱地死去；再想想查理一世，为拥护君权而战，虽败犹荣，保持了王者的威严而死。 事到如今，陛下只有奋战到底，绝对不能屈服。 就算有生命的危险，也绝对不能做任何让步。"

听完俾斯麦的话，国王稍显镇静，脸上现出了满足及刚毅的神色。 继承了腓特烈大帝军人血统的威廉一世，听到俾斯麦劝解他要为维护神圣的君权而不惜一战时，变得坚定起来并充满了斗志。

当国王专车到达柏林时，国王已决心和这位首相并肩作战，为统一德意志而不惜一死。

由此看来，俾斯麦虽然失言引起了国内的轩然大波，但他却挽回了因失言而造成的和国王的僵局，可见其杰出的政治手腕。

世人也因此在他的名字前面，加上了"铁血宰相"四个字。

与王室微妙的关系

俾斯麦较拿破仑幸运之处是他遇见了一位明君，拿破仑虽然有其过人的才能，但终归失败，主要原因是他毫无凭借，突然崛起，他必须独力对抗整个欧洲的传统。

威廉一世是一个典型的军人，诚实、勇敢、信仰虔诚。他不像他的哥哥威廉四世那样地多谋善变，也不像王子那样地感情用事。他是位言行一致，表里如一的军人。

但他的缺点就是容易发怒，并且性情偏狭，因此缺乏理解力。正因如此，他的好恶之感强烈，心无主见，容易被人所左右。他常常因王后的谗言而意志动摇。

普鲁士国王威廉一世

所以俾斯麦最重要的工作是把握住国王的心意，以领导德意志迈向统一。

俾斯麦最关心他与国王之间的关系。他决定不惜与民众冲突，而一定要和丹麦、奥地利、法国决一死战。那时，他所能依赖的唯有王室以及忠于王室的陆军。威廉一世是王室的重心，也是陆军的中心人物，所以俾斯麦知道绝对不可以离开威廉一世。他想出各种谋略，紧紧抓住国王。

而威廉一世也很需要俾斯麦。 因为在当时，王室仅是一个贵族的大家庭，国王若不慎犯错，就很可能被送上断头台。 尤其是 19 世纪中叶，民主革命在欧洲频频爆发，各国王室被民众放逐者不乏其例。

普鲁士王室在 1848 年的柏林革命中就差点被废除，威廉一世对时代趋势很清楚，但他并不想以讨好民众来维持王位。 他要以中世纪盛行于欧洲的君权神授说来治理普鲁士，若是不能做到，他宁可退位，甚至不惜一死。

能够辅佐威廉一世维持王室特权，同时实施国王所希望的扩充军备方案者，除俾斯麦之外，没有他人有此能力。 因此国王需要俾斯麦的程度也许比俾斯麦需要国王的程度更大。 同时从另一方面看，俾斯麦若失去首相之职，可以回到庄园过他悠闲自在的生活；可是国王若退位，不但代表终生的耻辱，也象征着王室的衰颓。 二者情况截然不同。

因此俾斯麦是国王的最后王牌。 所以每当国王不答应他的要求时，俾斯麦就提出辞呈，国王为此不得不顺从其意。

俾斯麦目前所急需做的就是他要了解国王对他的嫌恶感。

性情单纯、刚直，头脑简单的威廉一世，身为王子时就有点讨厌俾斯麦，因为他们两人的性格完全不同。 不但如此，国王身边的人全都讨厌俾斯麦，而俾斯麦能在这种环境下，担任了二十八年的首相职位，可见其具有非凡的政治手腕和从政能力。对俾斯麦而言，如何对付讨厌他的国王，比操纵议会、领导民众或愚弄拿破仑三世更为困难。 可是他最终还是获得了王室的信任。

俾斯麦与国王的关系，正如意大利首相加富尔与其国王伊曼纽、英国首相狄斯雷利与其党魁德威爵士间的关系一般。 古今中外的伟大政治家都有能力把讨厌自己的主子转变为信任自己的人，而俾斯麦是如何获得这位国王的信任呢？

首先俾斯麦发现国王是一位典型的军人，军人最怕被人讥讽为卑鄙无耻、不忠职守。 因此每当国王犹疑不决时，俾斯麦就刺激他，问道："是不是害怕了？"

国王此时就会立即动怒，大声喝道："我怕什么，你去做吧！"

前次俾斯麦因铁血一事失言时，就是以这种激将法说服了国王。

当国王想退位时，俾斯麦就会提醒他应该对神圣的王位和义务有所交代。国王每闻此言，心中便会充满义务感，而大声地说："有卿在身边，我决定死守神圣的王位！"

其次，俾斯麦发现国王有虔诚的信仰。从俾斯麦写给国王的数千封书信及建议书中，无不提到神。

当俾斯麦要国王做某种决定时，他就引用《圣经》的文句，来说明这是神的意旨，借此说服国王，而绝不说是基于自己的意见。同时他也会列举出宗教上足够的理由，来满足国王的宗教情感。

但是最难缠的是围绕在国王身边的王后、王子、王子妃等这些反对俾斯麦的人物。尤其王后和王子妃这两位女人的头脑都比她们的丈夫精明，她们常在国王身边大进谗言，攻击俾斯麦。

特别是王后，她是魏玛大公之女，具有德意志南部人的伶俐和教养，她常在暗中操纵丈夫，从事各种阴谋。1848年柏林革命当日，王后曾在佣人房内召见俾斯麦商议由自己的儿子继承王位，后因俾斯麦的反对而失败，为此她对俾斯麦怀恨在心。

王子妃是英国维多利亚女王之女，在英国的立宪政治熏陶下，她不喜欢普鲁士的官僚政策。她最讨厌俾斯麦，所以

身为德国王子妃的维多利亚公主

与王后联合排斥俾斯麦。

王子的个性与父亲不同，他的性情开朗，同情民众，他不喜欢俾斯麦的权谋诈术，尤其讨厌俾斯麦的高压专制政治思想，所以他与母亲、妻子在许多事情上一致反对俾斯麦。

这种宫廷内的联合势力，包围了性情单纯的威廉一世，同时也妨碍了俾斯麦的政策。俾斯麦在实现其理想时是如此的困难，可是他竟然忍耐了二十八年，并奋斗到底，这不能不说是他耐心与智慧两全的表现。俾斯麦常因病而返回家乡休养，这并非因操纵议会与外交谈判的疲劳所致，而是与宫廷斗智所致。

英国首相狄斯雷利对政治见解精辟，他说："政治就是人际关系！"

政治是由人与人之间微妙的感情所织成，演说、政策或声明都只是舞台上演员的台词而已，真正困难的是主角们如何来发表这些台词。并非只有俾斯麦一人为反对势力而处心积虑地奋斗，古今中外所有政治家都面临这种挑战。俾斯麦的过人之处，是他能在这种微妙的人际关系中，事先做好周密的准备工作。

由于俾斯麦善于掌握人性，逐渐使威廉一世对他完全信服。

国王对这位新首相产生了一种微妙感情，主要原因是他们两人在年龄上的差距。国王比俾斯麦大十七岁，所以逐渐对俾斯麦产生了一种年长者对年少者的关怀之情，也可以说是一种父子之情；而俾斯麦对年长的威廉一世也产生了由衷的敬爱。国王乃军人出身，勇气非凡，俾斯麦一向瞧不起怯懦的人，当他见到国王遇刺而临危不乱时，极为心仪。同时国王对他的职守有着神圣的道德感，这也令俾斯麦极为感动。

俾斯麦是贵族出身，心中有着忠于王室的封建正统思想。他不惜为国王牺牲生命，以达成贵族阶级百年相传的义务。而今他担任首相，直接为王室服务，更是深切地体会到这种贵族对王室的忠诚之心。

所以，国王与俾斯麦两人并肩作战，在二十多年间互助合

俾斯麦

作，挽救危难的祖国。 虽然国王有时会对俾斯麦冷酷无情，而俾斯麦对国王也有失礼之处，但在复杂多变的政局中，二人共同治理普鲁士长达四分之一世纪，可以说是 19 世纪欧洲历史上的一段佳话。

普鲁士最不受欢迎的人

从担任首相的 1862 年到普、奥战争爆发的 1866 年，四年的时间对俾斯麦而言可算是最艰难的时期。 因为此时他的实力未能完全发挥，而一般普鲁士人民也都认为他只不过是一位保守党的狂热分子。 因此当他受命首相之职时，报上都讥他为"吹牛的贵族"、"拿破仑的崇拜者"、"都市的破坏者"等。

俾斯麦在下议院中很不受欢迎，绝大多数的议员都与他作对。 因此他在议会中提出的军费预算，根本不可能获得通过。这些议员根本不明白为什么要这么多的军费预算。 在议员们看来，唯有根据自由主义的立宪原则才能统一德意志，才能笼络德意志诸邦对普鲁士的向心力。

俾斯麦一直相信必须依靠普鲁士的陆军力量来完成统一大业。 但是他无法在议会中公开表明这种观点，这是他最大的苦衷。 即使他在议会中说明，自由主义派的议员大概也不会赞成。因此他只好采取忽视议会决定的独裁者态度，而这种做法也是他最拿手的；因为他不喜欢与别人商议或妥协，而喜欢命令别人。

每当议会反对其提案时，他就解散议会，并强制执行其未经议会通过的军费预算案。

议会开会时，他都参与讨论，如果有议员阻碍其演说，他就立即走下讲台，跑出场外，在走廊猛抽雪茄，一副旁若无人的样子。 难怪大多数议员对他都十分憎恶。

而在宫廷内，除国王外，大家都讨厌他，王后和王子妃都不称呼他的名字，而代之以"那个坏蛋"。

内阁中，除陆军司令外，俾斯麦没有任何亲信从属，参谋总长毛奇元帅更是讨厌俾斯麦。

甚至在以俾斯麦为首的外交部内，也找不到一位亲信人员，被派往各国的大使们，多半对他有强烈的反感。

连他自己推荐来接掌其驻巴黎大使之职的高尔兹伯爵都反对他，并企图打倒他。 高尔兹经常向国王密告，并与俾斯麦大唱对台戏。

这种行为是俾斯麦过去任大使时经常使用的手段，但是现在他却无法容忍别人以这种态度对待自己，所以他写了一封长信责骂高尔兹。

在四面楚歌、多方受敌的情况下，俾斯麦一点也不懊丧，相反却激发出无比的斗志。

首先，俾斯麦将行政部门和司法部门中一切染有自由主义色彩的可疑人士一概撤职，四年间，被撤职的官员超过了一千名。同时严格地实行压制言论自由的措施，所有反对他的报纸都遭到暂时停刊或永久停刊的处分。

所有政敌都祈祷他早日失败下台，一般国民看到报上有关他的消息时，都极为痛恨他的言行。

俾斯麦成为普鲁士最不受欢迎的人。

1863 年初，波兰发生起义。

欧洲各国都十分同情波兰，因此当叛乱扩大到令俄国穷于应付时，英、法国民更同情波兰。 对俾斯麦而言，波兰起义是一个绝好的机会，因为他可再送个人情给俄国。

俾斯麦的援俄政策，引起全欧洲自由主义者和革命主义者的憎恨。 自由主义者在普鲁士议会中大声地表达愤怒："为什么要帮助俄国欺侮无辜的波兰人？"

俾斯麦诚恳地回答："你们认为独立自主的波兰会容忍它的

邻国占领但泽和土伦吗?"

但泽和土伦

但泽和土伦都是一战后被瓜分和遭受重创的原普鲁士城市。

但泽

第一次世界大战是西方列强为分割殖民地和势力范围而进行的残酷战争,历时四年又三个月,战争以德国为首的同盟国彻底失败而告终。大战一结束,作为战胜的协约国,就迫不及待地争夺胜利的果实,并惩罚战败的同盟国,于是缔结了一系列对战败国的条约,史称《巴黎和约》。合约中将东普鲁士西端城市但泽辟为自由市,由国际管辖,经济则由波兰支配。

土伦

土伦是现法国东南部滨地中海港口城市。土伦在土伦湾内,半岛环抱。城区人口十八万,包括郊区四十万(1982 年),是法国最大军港。土伦造船业规模巨大,还有军械、冶金、机器制造等工业,附近还有铝土矿。土伦是重要客运港,每年有许多旅客经此往科西嘉、撒丁等岛。第二次世界大战中土伦曾受重创,后重建。

一百多年后的今天,我们再看俾斯麦这句话时,不得不佩服其先见之明。 因为在日后的凡尔赛和平条约中,波兰拿回了普鲁士的但泽一地,因此酿成了德国与波兰间的反目成仇。

俾斯麦反对援助波兰,是想利用机会,不花任何代价来讨好俄国皇帝。 但是这使他成为欧洲最不受欢迎的政治家。 同时由欧洲各地寄来了许多关于他的死刑宣告文件。 如波兰首都华沙寄来了一个用黑白缎带包扎的箱子,其中装着判决俾斯麦死刑的宣告文。 还有一份从巴塞罗那寄来的死刑宣告文上写着:本委员会一致决议判处阁下死刑,并订于下个月的第一周执行。

对这些频频寄来的威胁文告，俾斯麦处之泰然，他好像不把自己的生命危险放在心上。不过另一个麻烦又找上了俾斯麦，那是以奥地利为议长、普鲁士为副议长共同组织的德意志邦联会议的一项新议案。俾斯麦强烈反对此项议案，并予以搁置。但后来又产生了另一项提案，内容是集合全德意志的君主，在法兰克福召开会议，讨论德意志问题。

为了让普鲁士国王答应这项新提议，奥地利皇帝亲自到普鲁士拜访威廉一世。

这件事几乎影响了俾斯麦全盘的外交政策，后来他回忆当时的情景时说：

> 1863 年 8 月 2 日，我独自坐在枞树下，发现树上上有个长尾雀的窝巢，于是我取出怀表计算一分钟内母鸟喂食雏鸟的次数。当我正在观察此自然现象时，突然发现河的对岸威廉皇帝正一人独坐着。

在俾斯麦回到旅馆后，发现了国王留给他的便条，内容是：奥地利皇帝已至，有事与你相商，速来。

关于此事，在俾斯麦回忆录中写着：

> 当时我感到自己好像失去了良机，如果自己能少去观察点自然现象，而早些发现国王坐在对岸的话，也许可以改变国王的心意。

他立即觐见国王，极力劝阻国王接受奥地利皇帝的邀请。这是极令国王失望的建议，国王叹道："将会有三十位君王出席，同时身为主人的奥地利皇帝亲自出面邀请，我如何能不参加呢？"

接下来俾斯麦在回忆录中这样写道：

> 当时我费了许多唇舌劝国王拒绝这次邀请。国王

躺在长椅上，久久不语。突然间我发现国王潸然泪下。最后我终于使国王答应拒绝出席这次集会。那时我的身心疲惫不堪，几乎难以站立，离开国王内室时，差点儿跌倒。同时也因兴奋过度，竟然未发觉自己在关门时碰坏了门的把手。

俾斯麦回到自己的办公室，写好寄给奥地利皇帝的拒绝函后，一手将桌上的玻璃杯横扫于地，听着玻璃碎裂的声音，他大声叫道："多么痛快啊！"

与拉萨尔一见如故

俾斯麦以独裁者的形象周旋于国内外政客之间，逐渐发现全欧洲竟然没有一个杰出之人，因此他讨厌人类、轻视人性的性格表现得日甚一日。

不过，他有时候也会碰到令他侧目之人，如他在晚年主持柏林会议时遇见的英国代表狄斯雷利。另一位就是下面将要谈到的天才——拉萨尔。这两人都是犹太人，也算是巧合。

当俾斯麦以激烈的手段弹压自由主义者时，发现了这两位杰出人物。而这两个犹太人在当时正在为解放第四阶级的新运动而四处奔走。

拉萨尔说："如果拿破仑在南方根据民族主义的原则而重画地图，我们就不得不在北方做同一件事。倘若拿破仑解放意大利，我们也有权横夺西里西亚一地。这样普鲁士才能雪洗奥尔米茨之耻！如果普鲁士无法做到，无疑是证明了君主制度已不能符合人民的要求。"

当俾斯麦在议会中听到这番言论时，大为震惊，他想："这个人是谁啊？他把我想说的话都说出来了！"

于是俾斯麦开始注意拉萨尔的言行，他认为可以和这个人做个朋友。

在另一次演说中，拉萨尔又说："假如有一天我们以个人的立场和俾斯麦针锋相对，基于正义的立场，我们不得不说俾斯麦是一位男子汉，而其他的人却都是一群妇道人家。"

从一位劳工运动领导者的口中，竟然能听到称赞专制主义者的言论，实在是不可思议！而这种举动，对发言者自身而言，又是何等的大胆，他好像完全无惧于旁人的非议。

拉萨尔的一生充满了矛盾，我们虽无法完全了解这位无产阶级解放运动的斗士，竟然会献花给专制主义者的领袖，不过仔细思考之后，也不难发现其中的道理。这可以说是天才间互相吸引所致。拉萨尔具有敏锐的观察力，他认为解放无产阶级的事业，当时必须依赖俾斯麦的专制政策，才有可能实现。

在莱茵区演说的数日前，俾斯麦就接到了拉萨尔的电报：

> 属于进步派的市长，率领了数十位携带着枪剑的宪兵，将本人所召集的劳工大会解散，请阁下尽快给予合法的救援措施。

俾斯麦立即命令有关方面采取适当行动。

所以拉萨尔在莱茵区演说后，立即就去拜访俾斯麦，做当面致谢。

此后的一段时期里，即 1863 年末到 1864 年初，拉萨尔拜访俾斯麦前后达十二次，并做了长时间的会谈。关于两人谈话的内容，俾斯麦在议会中曾表示：

与俾斯麦一见如故的拉萨尔

　　拉萨尔有许多地方吸引着我。他是我以往遇见的人中最有才干而性情最爽快的人，他有很大的野心。我们的会谈每次都长达四小时以上。每当他要告辞时，我都会觉得依依难舍，我相信他会认为我是他最忠实的听众之一。

　　他们两人为何会如此一见如故呢？原因之一是惺惺相惜，原因之二即两人面临着共同的敌人。也就是说，保守主义的俾斯麦和激进主义的拉萨尔，他们的共同敌人是中产阶级——自由主义者。这两个人，一个是处于现实的权力世界，一个是处于未来的理想世界；一个是坚强威严，一个是轻快和悦；一个是实行者，一个是宣传者。虽然有如此的差异，但他们却同样具有非凡的天才、无比的勇气、强烈的自尊心和激烈的爱恨感。

　　天才拉萨尔拥有俾斯麦无法企及的幻想世界，他对人类的将来有着深刻的理解，他可能教了俾斯麦不少的本领，不过他实际是想借着俾斯麦所拥有的实际权力来达成两件事。

　　其一为普通选举。他希望以普通选举来解放无产阶级的大众，进而促成劳动党的发展。因此他反驳俾斯麦所主张的选举过早论，而根据他丰富的知识教俾斯麦有关选举的实际方法。后来当他因叛逆罪在法庭申辩时，提及俾斯麦，他说："这件事恐怕各位还未注意到，不过我相信不出一年，俾斯麦一定会仿效英国政治家罗伯斯庇尔，在政治上做重大改变而实行普通选举法。"

　　当时许多听到这些话的自由主义人士都哄堂大笑，以为戏言。不过俾斯麦却极为敬佩这位天才的洞察力。

　　其二是由国家控制生产。也就是说，排除自由主义者所提倡的自由竞争，而由国家来发展大规模的国家生产事业。拉萨尔的用意是要根据马克思主义而建立社会主义国家。但俾斯麦也正可借此扩张国家权力并加强君主制度。

　　有人曾说俾斯麦是德国的第一位国家社会主义者，原因就是

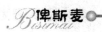

俟斯麦发现为了扩张国家权力，国家有责任保护劳动者，这方面他显然是受到了拉萨尔的影响。

可惜的是，天才拉萨尔因恋爱纠纷，在瑞士山中与人决斗，以三十九岁的英年而早逝。不过他的部分思想，却由俟斯麦继承下来而施行于德国。

普丹战争

英国首相曾以讥讽的口吻说："在欧洲真正了解石勒苏益兹和荷尔斯泰因问题的仅有两人，那就是我与另一人。可是我已将此事遗忘，而另一人也早已死了！"

事实上，石勒苏益兹和荷尔斯泰因问题确实复杂难解。

这两个地方位于普鲁士北方接近丹麦国境，面积不大，人口也不过百万，可是有关这两地的归属权和政治地位等问题，在经过百余年的纷争后，仍未最终确定。该区居民大部分是德

普丹战争中

意志人，也有丹麦人掺杂其中，因此普鲁士国内常主张收回该区。对俟斯麦而言，该区的重要性是在于它有面临波罗的海的基尔港，若能将该地的地峡开凿成运河，便可连接波罗的海和北海。

当奥布斯坦公爵根据复杂的条约提出了这两个地方之宗主权问题时，与丹麦发生了纠纷。俟斯麦见有机可乘，便逐步展

开并吞计划。这是 1863 年年底之事。

俾斯麦决心出兵占领这两个地方，这也是统一德意志的第一步。

同时，斯俾麦也想试试他反对议会而强行扩充军队，其实力究竟有多大。不过此事涉及的外交问题颇为微妙，小小的丹麦王国，其军力实在是不值一提，但是欧洲列强的态度将会如何？这是需要考虑的大问题。

法国会不会听任普鲁士的扩张势力？至于俄国，由于俾斯麦数年来的亲俄政策，可能会保持中立。但英国可能就不会袖手旁观了，尤其是奥地利，很可能会从普鲁士背后偷袭。还有，其他德意志各邦究竟会不会赞同此举呢？

此时俾斯麦展现了他非凡的外交手腕，就像变魔法似的诱使奥地利与普鲁士联合，组成普、奥联军，进驻石勒苏益兹及荷尔斯泰因。

因为俾斯麦曾对奥相说："如果奥、普两国袖手旁观，德国国民很可能会组成人民革命军侵入石勒苏益兹及荷尔斯泰因。为了避免叛乱扩大，普鲁士不得不出兵干涉。"

奥相考虑到万一普鲁士独力解放了石勒苏益兹及荷尔斯泰因二地，则普鲁士在德国邦联的地位必然会大大地提升，这势必会影响奥国的声望。因此赞同俾斯麦的宣战论，而与普联合出兵侵入丹麦。

眼见普、奥两国联合宣战，英、法、俄也不敢轻举妄动。因为若出面干涉，必会牵连到德国的内政问题，另外，在普、奥联合的情况下，纵使战胜，石勒苏益兹与荷尔斯泰因两地也不致被普鲁士所独占。因此拿破仑三世决定采取观望态度，英国政府也决定保持中立。

在普鲁士国内，俾斯麦面临着许多难题。首先是如何说服国王裁定此次战役。因为俾斯麦在议会上说明吞并石勒苏益兹及荷尔斯泰因两地的问题时，威廉一世曾反对说："我对这两地没有任何权力！"

当时，俾斯麦坚决地回禀道："陛下的祖先，都曾占领过西里西亚之地，当时他们对该地是否也行使过权力呢？依我看，普鲁士王家的君主全都是领土扩张者。"

国王听到如此莽撞的言词后，大为震惊，无言以答。但出乎意料的是，王子竟不自觉地高举双手表示赞成。其他的议员则一语不发地继续进行着另一项议案。在他们看来，俾斯麦所有的计划都是鲁莽而不实在的。

但是俾斯麦已决定无论如何，必须强迫议会赞同此次征伐丹麦之举。他在议会提及军费预算案时，遭到议员们的愤慨抨击。议员们决定以压倒性的多数票来否决此议案。于是俾斯麦立即解散议会。显然他已不顾全体国民的反对，坚持要完成吞并计划。

宫廷内的反对声音更是激烈。威廉一世在最后关头犹豫不决，迟迟不向丹麦宣战。

俾斯麦以坚强的意志排除万难，最终说服使普鲁士国王对丹麦宣战。普、奥联军势如破竹，不到三个月便完全占领了石勒苏益兹和荷尔斯泰因。

接下来的问题是如何处置这两地。究竟是承认其为德国邦联内的新邦国，还是由普、奥两国分割占领？

为此，在维也纳召开了由普、奥两国君主和首相参加的特别会议。但是在会议中仍无法决定两地的归属问题。

奥地利希望让这两地独立，编入德国邦联。而普鲁士则主张由两国分割占领。

因为两国意见相左，使彼此的关系急剧恶化，甚至几乎宣战。当时俾斯麦决定不惜一战以吞并两地，但因普鲁士国王的犹豫不定而未能达成目的。后来在1864年8月24日，双方协议签订了和平条约，荷尔斯泰因与劳恩堡割让给奥地利，石勒苏益兹则并入普鲁士。

这是俾斯麦进行的第一次战事，也是外交上的首次胜利。后来果然依其所见，石勒苏益兹开凿运河，使德国与英国共同成为海上强国，进而德英争夺海上霸权。

在订立这次条约时，还有一段有趣的插曲。

俾斯麦曾对布希说："在我要与奥使订约时，正在和他们一起玩牌，这也是我最后一次赌博。一个人的本性，在赌博时最容易看出，因为我知道奥使的为人，所以大方地下注，这使在座之人都惊讶不已。即使我输了再多的钱，我想这些钱国家应该会偿还给我的。结果奥使因为我的赌注太大而认输，答应签订条约。"

后来普鲁士以重金 290 万塔勒尔（德国旧币）向奥地利赎买劳恩堡，那是后话了。

丹麦之战，可算是俾斯麦政策上的一大胜利，但却是英国外交的一大败笔。当时英国曾数次游说他国干涉普、丹战事，但都未成功，终使普、奥两国能恣意蹂躏丹麦，并使基尔港落入普鲁士之手，威胁了英国的海上霸权。可见这是英国外交上的一大挫折，同时也显示了俾斯麦的伟大成就。俾斯麦能在关系复杂、利害错综的欧洲本土上三次用兵，且未遭受任何国家的干预，这种出色的外交才干，实在是让人佩服。

普鲁士国王封俾斯麦为伯爵以酬答他的功劳。俾斯麦对此爵位也相当满意，他认为这是为他的家族增添了无上的光荣。

争取拿破仑三世支持

普、丹之战是统一德国的第一步，这次意外的大胜利，使俾斯麦的身价大为高涨。不过他并不把这些虚名看在眼里，他犹如饿虎扑羊般急切地扑向第二个猎物。

那就是奥地利！

如果不把奥地利逐出德意志邦联，普鲁士领导统一德意志的目标就无法达成。而俾斯麦认为唯有依靠武力才能实现此统一目标。 但在普军击溃奥军之前，他必须施展外交手段让奥地利在欧洲受到孤立。

经过一连串的亲俄政策之后，俄国已站在普鲁士的一方；至于隔海的英国，它根本没有干涉欧洲大陆的意思；倒是法国的拿破仑三世最需要笼络。

过去十年间俾斯麦处心积虑，不断计划，他发现讨伐奥地利的胜败关键不在维也纳，而在巴黎。

于是，俾斯麦突然宣布妻子身体不适，带她到法国西北岸的琵亚瑞兹海滩疗养。 这里曾是他与美丽的公爵夫人嬉游之地，后因接到紧急电报而离开。 这次他带着妻女，以战胜丹麦的新伯爵身份再次来到这里。

他在距拿破仑三世的别墅不远处，租下一间房子，希望能有机会与法皇一谈。

他所等待的机会很快就来了！

有一天，他们两人并肩在海边散步。

拿破仑三世为了保住其皇位，必须不断地有所表现，以取悦人民，否则巴黎的人民将会说："他根本不如他的伯父。"

自从克里米亚一战，法国击败俄国之后，已有十年之久；而击败奥地利之役，也已过了六年；最近的一次，是让奥地利亲王出任墨西哥皇帝之举，也是四年前的事了。 他认为现在应该是有所表现以使国民高兴的时候了。 不过他却没有任何确定的打算。

克里米亚之战后，英、法关系密切，而意大利因法、奥战事之故，对法也深表感激。 奥地利也因拿破仑三世让他们的亲王出任墨西哥皇帝而尽释前嫌。 巴黎居民举行世界博览会时，每个人都认为自己是世界的中心而欣喜无比。 前些日子，美国报纸也评论拿破仑三世比他的伯父拿破仑一世还要伟大。 按照目前的情况，法国皇位无疑会由自己的子孙继承下去。

尽管拿破仑三世心里这么想，但他也提醒自己千万不可大意。 因为巴黎的人民极为善变，他们随时可能再次发生暴动。

83

俾斯麦

Bismai

所以拿破仑三世认为将人民的注意力转移至国外，才是上上之策。

那么，下个目标到底该是哪一国呢？经过慎重考虑，他认为还是奥地利最恰当。

奥地利的领土广大，但军力不强，又是一个标准的君主专制国家，巴黎报纸常因此攻击它。

"对了，再向它挑战一次，也好夺些领土。"拿破仑三世这么想到。

不过，拿破仑三世也知道必须谨慎行事，否则不知道普鲁士会采取什么行动，那个首相——俾斯麦，是个老狐狸。而此时，俾斯麦也在想着无论如何得拉拢拿破仑三世才行。

俾斯麦终于先开口说话了。

他先以比利时来试探法皇的意向，但这位"神秘人物"却不做任何表示。提及法国居民占多数的瑞士，拿破仑三世仍然没有任何反应。于是他大胆地提出德国领土莱茵区，他说："如果你不要，我也不会勉强送给你。不过，你若是想要的话，我绝不会插手干涉。"

"不，普鲁士的扩张势力，我并不反对。"拿破仑三世说道。

这实在是令人倍感意外的回答。

他们两人磋商之后，法皇又说："如果世界局势需要我们两国洽商时，请贵国国王不要客气，直接通知我好了。"

俾斯麦觉得他的话中有话，不过仍有点希望。

另外，他还发现拿破仑三世的健康状况已大不如前。

健康对政治家而言，比财富更为重要。俾斯麦得知拿破仑三世患了膀胱疾病，他的精神逐渐衰弱，已经越过了生命的巅峰期，而走向下坡。

当俾斯麦发现一切都没问题后，就安心地离开了法国。

接下来就是如何应付威廉一世的问题了。

俾斯麦心想："要这位信仰虔诚、性情率直的军人皇帝发动一次毫无理由的战争，而且目标是同文同种的邻国奥地利，恐怕比说服拿破仑三世还要困难。对付坏家伙不是难事，但碰上憨直的人，真不知如何入手。加以国王身边又有三位反对者，这该如何是好呢？"

俾斯麦的办法是：让这位老国王相信是维也纳主动挑战，并让国王认定若不予以反击，将会令祖上蒙羞。

巧的是，维也纳政府在治理荷尔斯泰因时出现了难题，前荷尔斯泰因统治者奥布斯坦公爵发动暴乱，以破坏普、奥两国所缔订的条约，维也纳政府打算以高价出售荷尔斯泰因给普鲁士。

维也纳图

俾斯麦对国王说："奥地利这样欺负普鲁士实在太过分了！我们是否会因对方是大国而放弃条约上的正当权利呢？"

1866 年 2 月，国王在议会中郑重宣布："我们不会主动去挑动战争，但是，我们也不会迴避战争！"

同时国王又补充道："为保护荷尔斯泰因而战是正当的。我祈求神明而得到启示，战争乃是正道！"

俾斯麦心里很高兴。国王的真实意图明确之后，他已无所顾虑了，但是细心的俾斯麦，又考虑到其他方面的问题。他知

道最麻烦的是议员们，如果他们在议会中持相反意见，就很容易使一般民众转而反对战争，因此他派检察官监视议员们在议会中的言论，为此全场哗然，议员们愤怒了。

"如今连温和人士都认为除了采取报复手段之外，已别无他途！"他们暗示将发动革命以威胁俾斯麦。

但俾斯麦丝毫没有示弱："难道你们认为议员有资格无限制地发言来诽谤一切吗？"

议会上一片混乱，普鲁士国王在这时显露了其军人本色，他勉励这位勇敢的首相。

议会再次被解散，而俾斯麦也再度以个人的力量引导全普鲁士对抗奥地利。

普奥战争

普、奥宣战的风声传遍了全欧。 当时各国政府和报纸对此事是如何预测呢？

身为外交官被派驻在欧洲的美国人安德鲁·怀特说：

"当时不仅法国，就是德国邦联内的小国也都相信奥地利会联合畏惧普鲁士的其他德国小邦而稳操胜券。 同时这种看法也是各国军人和宗教界人士的意见。 按照军方的推测，奥军拥有前年在意大利战事中有作战经验的军官所率领的六十万精兵。天主教人士认为维也纳是拥护天主教的正统政权，而普鲁士则是异教徒，所以他们相信奥军必会因神助而获胜。 特别是法国皇后对此更是深信不疑。"

拿破仑三世也相信奥地利会获得最后的胜利，但同时他也认定普鲁士军队将会有优异的表现。 所以他暗中计划，等普、奥相争而两败俱伤时，再加以武力干涉，企图渔翁得利。

但是俾斯麦与参谋总长及陆军司令仔细研究之后，对普鲁士军的获胜信心十足。因为他们早已着手准备，不顾宪法规定，挪用了数目庞大的军费来改建陆军。

同时，俾斯麦认为若要诱使奥地利步上战争之途，还需要另一位助手，这就是小国意大利。意大利在五年前虽然完成统一，但仍有许多领土被奥地利占领。所以俾斯麦建议意大利，为了维护威尼斯地区，应与普鲁士联盟，对奥宣战。而意大利的密使也已来到柏林，暗中商议双方的攻守计划。

俾斯麦还派出了犹太人把消息传给巴黎的大财阀罗斯柴尔德，再由他传至拿破仑三世耳中。

现在一切都已准备妥当，只等命令一下，普鲁士的精兵强将就将大举进攻奥地利。

可是就在这重要关头发生了大变故——国王威廉一世拒绝批准普、意攻守同盟条约。

在听到这个消息后，连日辛劳而疲惫不堪的俾斯麦，突然因发生剧烈的胃痉挛而病倒。虽然他的体格健壮，但是神经却很脆弱，因此一旦精神受到打击，就很容易影响他的健康，俾斯麦因而病倒了。

但是当俾斯麦听到宫廷和全国的保守人士都视对奥宣战犹如兄弟相争时，他心中再度激发了无比的斗志。

他派出密使从各方面煽动，欲促使奥地利主动宣战，但当他看到国内外纷乱如麻的情势时，突然怀疑自己的体力是否还能担当这一重任。

这天晚上，他坐在餐桌旁，以双手抚额，低声咆哮道："我可能就会这样疯狂下去！"

在这种混乱的局面下，国民对他的反感日甚一日。人民看到他忽视议会、破坏宪法、压制言论，现在又要无故兴兵攻打同文同种的奥地利，这与恶魔有何区别？因此都认为他是奸凶，更是人民的公敌。

民众的怨恨终于落在他的身上。1866年5月7日，发生了行刺事件。

那天，他和往常一样在官邸外的大道上散步，突然听到身后传来一声枪响，他急忙返身，发现一位青年右手握枪，正准备对他开第二枪。俾斯麦立即扑向刺客，用左手紧抓住对方握有手枪的右手，同时用右手卡住对方的咽喉，双方展开搏斗。

俾斯麦遇刺

可是俾斯麦没料到刺客将手枪交换到左手，抵住俾斯麦的外套，连发了两枪。

这时行人逐渐围聚过来，警察也迅速赶到现场。俾斯麦将凶手交给警方，转身步入官邸。

他登上二楼，脱下外衣，发现子弹只擦破了一点皮肤。

换上便衣之后，他将事情经过简单记下，以便报告国王。然后下楼去了餐厅。

他在餐桌上很冷静地向来访宾客叙说事情的始末，这时门外传来了马蹄声。

是国王驾临了！

威廉一世双手拥抱首相，庆贺他平安无事。接着王家贵族也向他致以慰问之意。

官邸门前渐被民众挤满，俾斯麦带着妻子登上阳台，向民众挥手致意，口中喊道："国王陛下万岁！"而民众也报以热烈的掌声。

不过当俾斯麦看到热烈拥戴他的民众时，心里产生了一种极度的轻蔑感。他想："刚才你们不是还骂我是魔鬼吗？如今手枪响了三四次，你们就为我欢呼鼓掌，实在是混蛋！"

不过这位刺客的子弹对俾斯麦的影响极大，他的秘书在日记中记载："自从这次事件之后，他自认是神的选民，虽然他没有说出来，但这种倾向愈来愈明显。"

在混乱动荡的局势中，能够洞察时代的趋势，正是具有政治天才的俾斯麦的本能直觉。

实施普选无异于晴天霹雳般的大事。

当全国国民从这位反对议会、漠视宪法的专制政治家口中听到实施普选的声明时，都迷糊了。

"这究竟是怎么一回事？"

人民都睁大眼睛看着报纸，有些人甚至捧腹大笑。

"可能是因为害怕民众的力量，所以才想出这种骗人的伎俩吧！"

大家都嘲笑俾斯麦的普选声明。

就连后来成为俾斯麦助手、主张国家主义的德国历史学家脱莱契凯也反对俾斯麦这一贸然举动。他说："这种方法不合法制。普选并非临时性的紧急措施，必须根据普鲁士立宪政府的周详考虑，再依照普鲁士国民的决议及全德国民众的赞同，才能实施。"

俾斯麦究竟为何在此动荡的

普奥战争中的俾斯麦

局势中突然做此决定呢？

他晚年回忆当时的情况说：

在面临压倒性的反对势力包围下，纵使必须采取强制手段，也在所不惜。如果我能借自由主义者的最有力武器——普选，来阻止外国干预我国内政的话，则吾愿足矣。我实在没有时间考虑所使用的武器到底是什么，我最大的目的是要排除外国势力的干涉。

由此可知俾斯麦是要以德国民族为基础，来实现讨伐奥地利，完成统一事业的目的。一向重视实际的俾斯麦，为了达成此目的，并不在意手段的善恶。

在拿破仑三世的唆使下，意大利突然兴兵攻打奥地利。奥地利立即下令全国总动员。

俾斯麦见此情势，马上提笔写信给国王，请国王立即决定向奥宣战。信中一如往常般地不时提醒国王的宗教心和荣誉感。

1866 年 5 月初，国王终于下令全国总动员。宫廷上下都极力反对国王的决定，这使国王和俾斯麦陷入了空前的孤立。

俾斯麦当时曾说："我现在是最受憎恶之人。不过我已将自己的脑袋做赌注，纵使要上断头台，也一定要完成此事。"

当时国内外有影响力的人士分别以进谒或奏折的形式劝告威廉一世离开俾斯麦，以挽救柏林的危机。

王后为此事，也愤然离开了柏林；王子装病，对国王的一切举动置之不理；而王子妃则写信给她的母亲——英国女王维多利亚，请她谴责威廉一世之举。

在这种众叛亲离的情况下，一般君主多会意志动摇。但威廉一世是个单纯的军人，对祈祷后获得神的启示之事绝不会更改。

此时，普鲁士国内另有一位头脑冷静、静待机遇的人物，那就是参谋总长毛奇。他相信普鲁士大军必会获胜，正静待出兵的命令。

毛奇元帅

普军参谋总长，著名的军事家。在普奥战争、普法战争中打败奥军和法军的实际组织指挥者。又称老毛奇，以与其侄儿小毛奇相区别。1800年出生于梅克伦堡帕尔希姆的一个破落贵族家庭。父亲原为普鲁士军官，后迁居丹麦。毛奇从八岁开始在荷尔斯泰因受教育，十岁入哥本哈根皇家军校，十八岁进丹麦军队服役。1822年，他通过考试转入普鲁士军队，获少尉军衔。1835～1839年，被派到土耳其，担任奥斯曼苏丹的军事顾问。1840年调回柏林，在第四军团参谋部供职。1842年，他参与指挥修筑汉堡至柏林的铁路，由此认识到铁路对军队机动和后勤保障的重大作用。此后，担任过亨利亲王的副官，在第八军团和第四军团的参谋部里供过职。

普军参谋总长毛奇元帅

1855年，毛奇被调去为威廉亲王做副官，从此与这位后来的普鲁士国王和德意志帝国皇帝密切接触，为这位国王使用"宝剑"到生命的最后时刻。由于国王的信任与提拔，他于1857～1888年长期担任普军总参谋长，并在任期内大胆改组总参谋部，扩充军备，改进装备。同时，实际负责普军的作战指挥。1864年，率军战胜丹麦。1866年，取得了对奥战争的胜利。

1870年7月普法战争爆发后，他率领三个军团迎战法军，在色当会战中取得决定性胜利，为实现德意志统一作出了重大贡献。国王因此称他很好地"使用了宝剑"，封他为伯爵，晋升为元帅。在他于1888年退役后，还被任命为国防委员会主席。毛奇在实现德意志统一后，即将主要精力用于研究军事问题，特别是德国东、西两线作战问

题。他的军事思想继承了克劳塞维茨的理论观点，同时加上了当代的特色。他也强调战争是政治的继续，重视总参谋部和参谋人员对于组织和完善军队作战指挥的重要作用，强调在军事上要充分认识和运用铁路和电报等最新技术。他在战争指导上主张先敌动员、分进合击、快速突破、外线作战和速战速决。在军事建设上，就战争动员、军队编制、作战指挥、武器装备等问题，都有论述和建树。他的军事理论对西方军界有很大的影响。

开战的前夜，俾斯麦和英国大使在首相官邸的庭院中散步。英国大使对俾斯麦说："军队可能比贵国的众议员还要伟大啊！"

其实他这句话意思是说服者比雄辩者还要伟大。

刚好，附近寺院的钟楼传来了 12 声钟响，俾斯麦掏出口袋中的怀表对时，同时说道："12 点了！现在普鲁士大军可能正在攻打漠诺瓦和赫森，战况必然相当激烈。也许普鲁士会失败，不过我相信他们必会全力以赴。万一失败，我们不会回到此地，因为我们早已决定要在战场上牺牲。任何人都要死一次，与其被征服，倒不如一死更有意义！"

次日，毛奇的军队按照预定计划出兵。

普鲁士发出的最后通牒被大多数德意志小邦拒绝，因此它们不可避免地被普鲁士军队以排山倒海之势侵入：击败汉诺威，放逐其国王；席卷萨克森，将其国王放逐至奥地利；征服黑森，俘虏其国王；消灭拿骚；同时逼近莱茵河上游的自由市法兰克福，迫使巴伐利亚和威尔登堡归服普鲁士。然后乘胜进入奥地利，与意大利军的先锋部队会合。

普鲁士的主力军战无不胜，直逼奥都维也纳。这出乎所有欧洲政治家的意料，就连普鲁士人民也惊讶不已。

曾经被人民视为魔鬼一般的俾斯麦，现在官邸门外不分昼夜都有上千的民众在向他欢呼。人们一旦发现他乘马车从王宫返回官邸，必定中途拦下，层层包围，放走马匹，而后欢呼簇拥着他进入官邸。

　　不过俾斯麦非常冷静，他对民众的善变不屑一顾。 他心中只想如何掌握实际的权力。 因此在开战的第三天，他便召集政党领袖商议有关新选举的问题。 这些人物大都是他多年来的政敌，不过他坚信自己是欧洲的第一政治家，因此根本不把这些国内的小政客放在眼里。

　　他的愿望是趁着胜利的余威实行普选，再利用普选的胜利动员全国民意，来统一德意志。 对他这位只重现实的政治家而言，眼前的大小事件，全都是他为了达成目的工具而已。

　　7月3日，俾斯麦身穿灰色外套，头戴钢盔，骑着一匹栗色马，在山丘上观战。 克尼格雷茨一役战况激烈，尸横遍野。 （注：萨多瓦是克尼格雷茨市附近的一个小村落，通常人们将这次战役称为萨多瓦之役。）

普奥战争中的萨多瓦会战

　　看到这种状况，俾斯麦转过头对他身边的秘书说：“将来我的儿子哈佛也可能会像他们一样惨死在战场上，想起来实在凄惨啊！”

　　这场战争最后因王子率领的援军及时到达，普鲁士军队大获全胜。 有一位副官对俾斯麦说：“阁下现在成为一位伟大的人物，可是如果王子的援军迟来一步，阁下就可能就变成了罪大恶极的人了！”

　　俾斯麦听到这句话后，禁不住放声大笑。

萨多瓦战没

　　1866 年 6 月 14 日，普奥战争爆发。站在奥地利一边的还有几个德意志小邦汉诺威、萨克森和黑森-卡塞尔等。欧洲以惊讶的目光注视着普奥之间的战争，普遍认为奥地利有较多的取胜机会，因为奥国军队经过长期训练。

　　但是战局的发展同普遍的看法恰恰相反。普鲁士军队以典型的普鲁士方式作战：准备周到，行动迅速，采取攻势，速战速决。他们在毛奇的指挥下，在很短的时间内就控制了整个北德意志。参与对普作战的几个小邦没有力量对普军进行坚强的抵抗，只有汉诺威进行过顽强的战斗，但是他的军队终于在 6 月 28 日决定性地被击败了。

　　普鲁士军队控制了整个北德意志，主力向南推进，主战场越来越移向波希米亚。7 月 3 日，奥地利军队二十多万人和普鲁士军队二十多万人会战，这就是著名的萨多瓦战役。双方势均力敌，旗鼓相当。开始奥军顽强作战，打得巧妙。普军指挥部里空气紧张，据说在紧急时刻，俾斯麦不时看毛奇的脸色，从而判断战场上的形势变化。

　　胜负关头，普鲁士王子率援军赶到，出击奥军右翼。会战结束，普鲁士取得了会战的胜利。由于普鲁士同意大利结盟，奥地利不得不同时在意大利作战。如果奥地利不分散兵力，把用在意大利战场上几万兵力投在萨多瓦，其结局确是难以估量的。

签订布拉格合约

胜利的当天，普鲁士实施普选，选出了一百四十名保守党议员，这意味着俾斯麦不再孤立无援了。

　　第二天，俾斯麦和王子商议有关和约之事，同时请求王子给

予帮助。 战事的胜利，已经使反俾斯麦者改变了主意，谅解了俾斯麦。

萨多瓦之役也为俾斯麦带来了一大危机。 因为随着战事胜利而抬头的军人势力已逐渐要求从俾斯麦手中夺取权力。

获胜的普鲁士军队有意长驱直入，进攻维也纳，但是俾斯麦坚决阻止了。 因为他关心的并非维也纳政府，而是全欧政局。法、俄、英三大国正密切地注视着普鲁士。 如果疏忽了柏林守备而攻打维也纳，必定得不偿失。

至于攻打奥地利的目的，就是要将该国势力逐出如今目的已经达到，说起来，同文同种的奥地利毕竟与普鲁士算是兄弟之邦，若施以其难堪的侮辱，是有百害而无一利的。 如果再进而逼迫该国在维也纳城下缔盟，无疑是逼其投向法国怀抱。

俾斯麦早已料到普、奥战争后，必会与法一战。 到那时若想让奥地利站在普鲁士一方，就必须以宽大的条件与其言和。

虽然在战场上，俾斯麦的军衔只是个陆军少校，但当他出席军事会议听取打了胜仗的将军们的意见时，几乎忍不住要大发雷霆。 不过他还是强忍住心中的怒火，委婉地说明其中的利害关系。 他主张不必攻打维也纳，只要逼迫敌军退至东北匈牙利境内，则普鲁士便可轻取维也纳，第一位赞成俾斯麦的策略者是威廉一世。

正在此时，法国大使贝内迪来到前线访问俾斯麦。 贝内迪是以法皇密使的身份，向俾斯麦提议法国有意从中调停之事。这件事俾斯麦早已料及，现在果然危险迫近，而根据内线消息报告，俄国也有意出面调解。

俾斯麦在不伤害法皇好意的前提之下，尽量闪烁其词，在暗中却谋求内部的团结，以完成与奥和约。

"无需偿金，无需割地。"这是俾斯麦对奥和约的基本原则。

"真是窝囊！"大多数的将军都开始咒骂俾斯麦，并说，"到了这个地步，他竟然害怕起战争来！"

军人们都非常生气。

因为这次战争全由俾斯麦一手策划，将军们眼见俾斯麦阻止普军继续追击奥地利，都认为是他对战争已心生恐惧。 其实他们一点也不明白俾斯麦的意图。

此外，尝到胜利滋味的威廉一世也认为要在此时撤军，实在是有点儿遗憾。 如果真要议和，至少得提出割地、赔偿的条件。 对于这点，国王表示决不让步。

事实上，危机已逐渐地从巴黎逼近。

拿破仑三世发觉自己犯了一个极大的错误，他不该听信俾斯麦的花言巧语，而坐观普、奥之战的进行。 而今将如何补救自己的失策呢？ 那就是不让普鲁士成盟主，只允许它在德国北部称霸；至于德国南部，则必须由法国庇护。 要达到这个目的，必须先夺取莱茵河畔的土地。 因此他密电法国大使贝内迪，再度访问俾斯麦，提出交涉。

善于随机应变的俾斯麦，不但对法使的过分要求未表现出反感，反而满面笑容地欢迎他，设下了巧妙的陷阱，诱他入彀。

> 贵国的要求完全正确，我国一定会按照你们的愿望努力。 不过现在要战胜国普鲁士献出自己的领土，可能会遭人耻笑。 所以关于此案，最好让莱茵地区（巴伐利亚领地）自作决定。 至于我要建议的一点是：最简单的解决办法是法国把目标转移到比利时。

法国大使贝内迪很高兴地拍电报回巴黎，法皇做出了让步，双方达成秘密协议。 当时没有任何人发现其中藏着一枚可怕的定时炸弹！

7月23日，在尼柯拉斯堡召开了著名的御前会议。 我们从俾斯麦回忆录，来看看他自己是如何叙述当时的情况：

> 因为我患病，所以会议在我的起居室召开。 我身

着家居服出席，其他人都着军服。 我虽极力主张应依据奥地利所提出的条件而缔结和议，但没有任何人赞成，连国王也支持大多数军人的意见。 我在历经数日操虑后，几乎要崩溃，故默然离席，退入隔壁寝室中。当我进入寝室时，已无力控制激动的情绪而放声大哭。此时我听到隔室中散会的脚步声。

俾斯麦的叙述，平实、有力、感人，这位不怕天下讥讽，不畏刺客子弹的一代英雄，如今面对恃胜而骄的军人全力奋斗，欲挽救祖国的危机，却力有不足，眼见社稷之危，不禁卧床大哭。

我写下我所主张媾和的理由，并请求国王同意。若我的意见不被采纳而定要继续作战时，就请先免除我的职务。 翌日，我携此文书，欲觐见国王亲作说明。行至国王接待室门外，我发觉有两位上校正向国王报告军中发生霍乱，有半数军士因染患此疫而无力作战。于是我决定将与奥和约提至内阁商议，我参与其中讨论。

俾斯麦再次鼓起勇气向国王表明自己的意见，但国王仍然坚决不从。 国王希望率军进入维也纳。 俾斯麦为此在回忆录中写道：

我至今方觉察国王极为厌恶阻碍其计划之进谏者，因此无法再与国王讨论此事。 在我心中，准备请求国王将我编入所属的军籍，以便继续为国效命。 我回返寝室时，几乎产生跳楼自杀之念。 当我发现身后房门被打开，来人是王子时，也无意返身相迎。 王子手扶我肩，说道："卿素知我反对此役，但卿主张非战不可，其后责任自当由卿负责。 若卿以为目的已达，今日必须缔结和约，则我愿助卿说服父王。"

俾斯麦
Bisimai

王子随即进谒父王，半个小时候后带着平静的态度返回俾斯麦寝室，说："固然费了不少唇舌，但父王终于答应了！"

俾斯麦发现在他向国王提出的文书空白处，有国王的笔迹：

> ……虽然军队战绩辉煌，大获全胜，然王子与首相意见相同，故不得不违背本意而缔结此不名誉的和约！

俾斯麦在回忆录中又写道：

> 我为了国家利益，不得不违逆国王之意。令国王内心难过，此乃我之所憾！

不过也正因为他的先见之明和满腔热诚，终使普鲁士在近代外交史上获得了难得一见的大胜利。

俾斯麦能够不使奥地利心存怨恨，巧妙地将其逐出德国邦联。在拿破仑三世根据密约要求割地时，他又能顾左右而言他，巧妙地回避了拿破仑三世的要求。

另外，当俾斯麦眼见法国大使贝内迪一再提及法国保持中立所应得的报酬时，他却理直气壮地说：

> 如果贵国仍不死心，而固执于此要求，我可能采取我所能利用的一切手段来对付贵国。我会对全德国邦联发出檄文，以揭发贵国所包藏的狠毒祸心；同时会答应奥地利的任何要求，尽快缔结和约，将德国南部割给奥地利；然后以普、奥两国八十万的联合军力越过莱茵河，攻打法国，占领阿尔萨斯。普、奥两国兵士正处于备战动员状态，而贵国却处于平时状态。因此，我请你回去好好斟酌之后，咱们再谈。

法使于是无功而返。

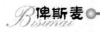

后来，法国仍不断地利用各种手段，企图要求割地。俾斯麦便提出当初与法订立的密约，以比利时满足法皇的要求。法国大使贝内迪并未发觉这是俾斯麦布下的陷阱，竟然答应了俾斯麦的提议，同时要求签订正式文件。最后，法使在同意合并比利时和卢森堡的条约草案上签字。俾斯麦将此条约书收存于其保险柜中，秘而不宣。后来这份条约竟发挥了莫大的作用。

普、奥双方最终在布拉格完成和约的签订。奥地利势力被逐出，成立了以普鲁士为盟主的北部。

不过令世人惊讶的是，俾斯麦对奥地利极为宽大，但对其他德国小邦却严酷无比。根据普鲁士条约协议，普鲁士合并了汉诺威、黑森、卡塞耳、拿梭及法兰克福自由市，此外还有石勒苏益兹、荷尔斯泰因、劳恩堡三州。如此一来，普鲁士领土联成一块。在政治和经济上都获得了重要的意义。而完成此举却未使列强提出任何一言半语的抗议，实在不愧是俾斯麦外交上的一大杰作。

仅仅花了七周，俾斯麦将便奥地利逐出，为普鲁士增加了四分之一的领土，同时也增添了四百五十万人口，使普鲁士变成了欧洲大陆上的一等强国。

俾斯麦随着国王凯旋返抵柏林，在街道上，人民群聚喝彩、鼓掌，欢声雷动，一夜之间，俾斯麦成为普鲁士人民最崇拜的人物。国王赐封他为陆军将官，并犒赏六十万金币以慰其功。

北德邦联成立

1867年2月24日，普鲁士召开了北部会议。莱茵河以北二十二个小邦中，依普选法所选出的三百名议员，都参与了此次会议。

在议会上，俾斯麦提出他在前年9月，花了五个小时向秘书口述记录的德国宪法草案。

这个仅花了五个小时口述写成的宪法，在第一次世界大战结束的 1919 年前大约五十年间，支配着整个德国。因此，我们不由得不钦佩俾斯麦的智慧。别看这个宪法草案只花了五个小时记录，可是在俾斯麦脑海中却计划了十年之久。

这个宪法的根本主张是普鲁士国家观念，同时采用了很多类似美国宪法的精神。这是一个由上而下的钦定宪法，将权力集于君主一身，而将实权交由代表君主的首相一人之手。这种做法很明显地表示出俾斯麦讨厌民众，甚至轻视民众的心态。

宪法采用了很多类似美国的宪法思想，由此可见他很喜欢美国人。自从他在学生时代认识了美国人马特利之后，就偏爱他那淡泊、刚健的美国人气质。他不喜欢法国人的都市气息。他出任首相后，与美国驻德公使，即历史学家班克劳夫交往很密切。因此这个宪法草案无疑带有班克劳夫的思想，最显著的一点是允许民选议员参与国政。德国保守主义者对此大加反对，据此而攻击俾斯麦。

基于以上原因，宪法的讨论案久久不决，宪法颁行遥遥无期。而北部德国邦联的组织条约仅有一年期限。如此拖延，恐有超过法定时限的嫌疑。

当时，俾斯麦是普鲁士最孚众望的人物，也可以说是欧洲的一流政治家。他在议会中控制着占多数的国民自由党，因此在 4 月 17 日，他强行通过宪法草案，建立了北部德国邦联。

根据其宪法草案规定，立法机关是邦联上议院。而它并非由人民代表组成，而是由各邦君主代表共四十三人组成，以普鲁士国王为议长。议长权限极大，犹如邦联统治者。

资料链接

北德意志邦联

德意志邦联解散后，北德意志邦联在 1867 年成立，它由德国北方二十二个邦国组成。 它其实只是一个过渡组织，在 1871 年德意志帝国成立后便被废除。 但是，它帮助普鲁士控制德国北部，加强它对南德邦国的影响力，犹如关税同盟一样。 邦联明显地排除了奥地利与巴伐利亚。

邦联在普奥战争后成立。 普鲁士击败奥地利后，俾斯麦创立北德宪法。 宪法在 1867 年 7 月 1 日生效。 普鲁士国王威廉一世出任邦联主席，首相俾斯麦兼任邦联首相。 所有德意志邦国在邦联议会都有议席，普鲁士独占十七席。 北德议会是由民选产生。

普法战争后，巴伐利亚、威尔登堡与巴登（连同黑森公国的剩余部分）与邦联合并，组成德意志帝国。 威廉一世成为德意志皇帝。

现在虽然完成了北部德国邦联的建立，但是还要实现合并南部德国诸邦的愿望。 在二十年前，俾斯麦就发现必须驱逐德国境内另一强国的势力，才有可能实现此愿望，那便是法国。

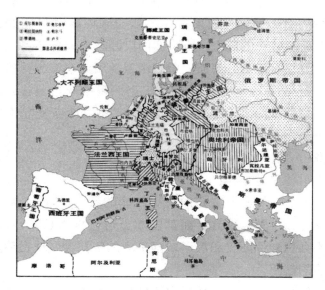

维也纳会议后的欧洲

拿破仑夺取了莱茵河两岸使其成为法国领土，但在维也纳和平会议中，反法同盟又将法国赶回莱茵河以西之地。 到拿破仑

三世时，又再度在莱茵河上游巴伐利亚伸展其势力。

在与奥地利议和、建立北部德国邦联后，俾斯麦曾暗中与德国南部诸邦缔结密约。事前约定一旦普、法开战，南部诸邦必须与北德邦联的行动一致。另一方面，俾斯麦对法皇的要求虚与委蛇，对于割让莱茵河之地的态度模棱两可。吊足法国的胃口，同时又威胁巴伐利亚。

我们只要看看当德国南部的巴登要求加入北部德国邦联时，俾斯麦所做的答复，便可知其思虑的周密。当时他回答巴登，要他们等待时机。并对别人说：

"现在把巴登地区纳入北部德国邦联，等于抽走牛奶中的奶油，其他的成分将会立即腐坏。"

若是南部小邦有反对他的意见，他便会拿出最有效的武器进行威胁，这就是他们之间缔结的关税同盟条约。也就是说，如果反对普鲁士，他会将反对者排出关税同盟行列。而盛产啤酒和葡萄酒的南部地区，如果产品不能卖到柏林或其他的大都市去，将会面临破产的危机，所以他们只好乖乖地听话。

为了笼络汉诺威，俾斯麦曾要求普鲁士议会答应补偿汉诺威三千二百万马克。可是汉诺威国王仍旧采取反普鲁士政策，在报上表示将以本国国库退还这笔金钱。所以俾斯麦立即停止支付这三千二百万马克的补偿金。

他说："赶蛇必须赶到它进入蛇洞为止。"

后来这笔资金转用于操纵国内的新闻。一般人都称之为"蛇资金"，其中多半被充作收买新闻的费用。德国皇帝利用这笔"蛇资金"操纵新闻，在美国本土进行排挤日本运动。所以谁也不会想到俾斯麦和汉诺威国王间的争执会变成日后美、日离间政策的起因。

当时俾斯麦的日常生活极为繁忙，除身兼外交、内政等一切行政事务外，还要主持邦联议会、普鲁士议会及关税同盟议会三个机构。

可是对一位政治家而言，这种充满了挑战的日子是快乐的。

虽然他必须使出浑身解数，不停地忙碌，可是他的首相官邸还是为访客敞开门户，不论旧友新知，一律欢迎。

他那机警、犀利、快活、含蓄、富有启示的特殊谈话技巧，很容易就能吸引住来访的宾客。而他那堂堂的仪表、果断的眼神，也极易令人望而生畏。

他的官邸随时有宾客来访，而这些宾客并不限于上流社会或政治界、新闻界人士，无论贫富贵贱、识与不识，都是一样地受到欢迎。

因此全欧洲上下都逐渐认识了这位杰出的英雄。

如同普鲁士日益强大一般，俾斯麦也日渐伟大。

普法战争

一位德国历史学家曾这样写道："法国人喜爱和平，性情爽朗，所以除了遇到善于煽动的领导者或不得已的局面外，绝不会与人争执。"

另一位美国历史学家也如此写道："拿破仑三世并不愿意作战，因为他长年患病在身，体力衰弱。他个人唯一的愿望是想以'法国恺撒'的身份终其一生，因此他很期望和平。"

又有一位德国历史学家说："俾斯麦曾与他的好友谈及，就算普鲁士战胜了法国，也没有什么好处。如果占领了阿尔萨斯地区，为了维护它，就必须永久占领斯特拉斯堡。如此一来，只会导致不安，因为最后法国必会建立新的同盟国，而使我们难堪。"

当时普鲁士并未因战胜奥地利而充满了好战的风气。

人们可以找出无数的理由来证明当时普、法两国必须和平相处，但却找不出它们之间必得一战的任何理由。

　　1870 年 5 月底，北德邦联议会宣布休会，所有的议员都回到故乡。同时邦联的军舰都出海做夏季的友好访问。大部分的陆军士官也都趁着秋季演习之前，各自休假旅行。毛奇在他的别墅中栽种玫瑰花；威廉国王到他常去的温泉胜地避暑；俾斯麦也回到他的山庄，在森林、沼泽间打猎。

　　同年的 6 月 30 日，法国首相奥利维发表声明说："过去从未有过像今天这般和平的日子！"

　　但谁又能料到在法国首相演说后不到两个星期，法国就对德国宣战了。

　　整个欧洲都为这个突如其来的消息大吃一惊。

　　为什么在人民都祈求和平时，会发生这个让人意外的战事呢？此举不但牺牲了数万青年的宝贵生命，而且埋下了四十年后欧洲大战的导火索。

　　由此可以看出近代的社会体制有极大的弊端，国家间的战争，往往仅凭少数人的意见而引发，问题就出在政治组织方面。下面就对这一问题作些简单说明。

　　当拿破仑三世眼见普鲁士军队在七周内就击溃奥地利军队时，他发现这是自己的一大失策。原来他预料普、奥之战会使德国陷于长期的内乱，或者是大败而返，这样他便可趁机从中渔利。未料普军大胜，加以俾斯麦外交策略的得逞，使法国处于不利的地位。

　　于是，拿破仑三世向俾斯麦提出普、奥之战时普、法间的密约，催促德国割地。但俾斯麦在前后五年间，再三推托，并不打算割给法国任何一块土地。

　　不过，俾斯麦对法皇透露荷兰国王曾托他买卖卢森堡，并怂恿法皇买下此地。虽然此举遭到德国的反对，但俾斯麦的目的是要以他一人的外交策略来打败法国。统一德国，他不愿意让普军在战场上和法军交锋。

　　买卖卢森堡一事震动了德国邦联议会，从而引起议会对俾斯麦的严厉质询。俾斯麦则义正词严地对议会声明："政府应该尊重邻国国民之意。"

由于此事牵涉渐广，荷兰国王撤销了买卖卢森堡之约。 后来由俄国皇帝召开伦敦会议，会议结果宣布卢森堡大公国成为永久中立国。

拿破仑三世再次被俾斯麦愚弄，心中极为不满，便诱使意大利、奥地利两国夹攻普鲁士。

自 1868 年起，俾斯麦便知普、法终究难免一战。 他曾对挚友说两年后可能会再起战事。 果然不出其所料，两年后，普、法开战。

至于开战的原因，则是西班牙的王位继承问题。

西班牙王位因无人继承，故该国政府想到了德国王室分支利奥波德亲王，并私下取得亲王的允诺。但是这必须得到德国王室普鲁士国王的认可才能登基。 所以亲王正式

普鲁士利奥波德亲王

提出申请，而威廉一世也表示赞同。 国王与俾斯麦都认为，若在法国背后有一位德国王室出身的西班牙国王，对普鲁士将大为有利。

这个消息传到巴黎后，巴黎民心大为激愤。

法国皇后厄塞尼出身于西班牙王室，她最讨厌德国。 法国外相格拉蒙曾听说俾斯麦公开批评他，故怀恨在心，一直想伺机报复。 而巴黎政客，也多畏惧普鲁士的强大，因此在报纸上、议会中，法国齐声反对德国亲王继承西班牙王位。

法国外相格拉蒙立即命令驻德大使贝内迪晋见普鲁士国王，请求取消其认可。

正在温泉胜地休养的普鲁士国王，见法使贝内迪突然来访，并要求取消认可，他为了避免无谓的争执，而答应了法使的要

求，并忠告利奥波德亲王，劝他取消登基之念。而此时俾斯麦正在自己的山庄中度假。

俾斯麦得知此事后，怒不可遏，立即拍电报给国王请求谒见。可是等了两天也仍未收到国王回电。他无法再等，于第三天整装至柏林。当他到达柏林外交部时，刚好收到国王自温泉拍来的电报，从其中内容得知法使再次晋谒国王，而国王对法使的再次要求也表示了友好的答复。

俾斯麦请来陆军司令和参谋总长密谈，这时俾斯麦也已获悉利奥波德亲王已经取消了继承西班牙的王位。

从俾斯麦的回忆录中可以看出当时的情形：

> 当初，我所想到的是辞职。因为我国在遭到一连串无礼对待之后，仍接受对方的强求。这对德国而言，实乃莫大的耻辱。所以我曾想引咎自辞！

因此俾斯麦请纽伦堡伯爵代他向国王表明辞职之意。当时俾斯麦发现七十三岁的老国王本来就不愿与法作战，加以背后有王后的谗言，更是无法自主。拿破仑三世为了他的皇后厄塞尼，决定打一场非他所愿的战争；而威廉一世却为了王后封剑入鞘，拒绝一场应该打的战争。

当天晚上，俾斯麦彻夜未眠。次日一早，他接到俄国大使馆的情报，得知法国方面对普鲁士国王的让步仍不满足。

"良机未失！"俾斯麦心里充满了希望。

俾斯麦得知，在他返回柏林途中，无谋的法国外相格拉蒙一方面命令贝内迪大使三度拜谒普鲁士国王，要求将取消认可之意写成公文书；另一方面则通知驻在巴黎的德国大使，要他打电报请普鲁士国王按照法国的要求写封信回告。法国外相准备在收到这两份文书之后，公之于世。一方面要安抚巴黎民心，一方面也可借机公开侮辱普鲁士国王与首相。

俾斯麦立即召回驻巴黎的德国大使，并拍电报通知国王：若再度接见法使，他必将提出辞呈。

在当俾斯麦召见陆军司令和参谋总长密谈时，接到国王自温泉胜地拍来的电报，这便是引起普、法之战的历史性电报：

> 法国大使贝内迪终于采取了最强硬的态度。在我散步时强行求见，要我答应今后若再提及有关西班牙王位候补之事时，绝对不可许下任何承诺。我已严词拒绝，因为对这种绝对性的承诺，我是绝不能轻易作出的。

电文后半段，是国王的侍从所附加的说明：

> 因此陛下采纳下官的建议，不再接见法国大使，而由本人告知对方国王已经拒绝其要求。至于这件事是否应通知外交使臣或发表在报章上，则委托阁下全权处理。

读完这封电文，俾斯麦大为感动。

"机会来了！"他心想自己二十年来日夜筹谋的大计划，就要成功了。

他沉着地将电文念给陆军司令及参谋总长听，然后问参谋总长："我国的军备情形如何？一旦有事，需要多长时间才能准备就绪？"

参谋总长说："立即开战，则对我有利。"

俾斯麦听了这句话后，就在他们面前，拿起他常用的粗大铅笔，挥笔写就了下面适于发表在报章上的短电：

> 普鲁士王室的亲王已表明放弃继承西班牙王位之意，并由我国政府正式通知法国政府。未料法国大使在我国国王休假时，仍一再地要求如若将来再有继承西

在马尔斯拉图尔战役中普鲁士骑兵攻击法国火枪队的情况

班牙王位的机会时，必须永远拒绝。因此国王拒绝法
使要求，并令侍从武官通知法使，今后不予接见。

俾斯麦把写好的电文念给陆军司令及参谋总长听后，立即交
给他的秘书，说：

"将这封电报火速发给驻在各国的使臣，同时在外交部召开
新闻记者招待会，公开发表此电文，至于外国记者也列入
邀请。"

俾斯麦的电文并未加写什么，只是把国王来电进行缩减；而
国王也给了他发表的权利。所以他的所有举动并无越权之处。

但是这封电文的用语经过巧妙编排后，大大地刺激了国外的
视听。

有些评论家责备俾斯麦使用了诈术，但事实上，俾斯麦并未
加油添醋，所以很难说他是欺诈。只不过他能把握此千载难逢
的大好机会，并加以充分地完全利用。

这封电文对巴黎人民的刺激实在是前所未见的。

一向自负的巴黎人不但由此得知法使遭到德国国王的拒绝
接见，而且还被德国国王的侍从武官以一句"没有什么好说的

了"无礼地赶出。 他们心中的愤怒实在是无以言表。

巴黎的街道上飞散着报纸的"号外"，咖啡店中的人们激动地讨论着此事。 议会内的政治家们也为此大发雷霆。

"战争！"

全巴黎充满了宣战的呼声。

这正合了俾斯麦的心意。

在柏林，德国人民的激动也不差于巴黎。 他们实在无法容忍法国大使竟然对他们的国王提出无理的要求。

不仅是柏林，全普鲁士人民都义愤填膺，连刚并入德国邦联的巴登、威尔登堡及巴伐利亚的人民也都愤愤不平。

"战争！"

"战争！"

德国也充满了宣战的激动情绪。

这正是俾斯麦所期待的。

"法国大使的要求实在太过分了！任何独立国家的君主在遭到这种侮辱之后，也一定会像普鲁士这般地采取行动。"连维也纳宫廷、意大利宫廷甚至俄国宫廷也都是这么认为。

只有伦敦宫廷不一样。

伦敦不像巴黎那样冲动，伦敦政府一向眼光远大。 他们在慎重考虑之后，发现了可疑之处。

强大的法国，或强大的德国，谁会对英国不利呢？对英国而言，这是一个重要的问题。 因为英国与欧陆，仅隔着二十海里的海峡彼此对峙。 英国是个岛国，如果在海峡对岸出现一个强大的国家，必然会威胁到自身的生存。 因此英国的传统政策，是要让欧陆各国永远分裂作战，以维护自身的安全。 法国、德国、西班牙、俄国，其中任一国家的强大对英国而言，都是不利的。

英国最顾忌的是比利时与荷兰会被某一强国所占，因为这两地一旦被某一强国所占，就会深深地威胁英国的安全。 所以纵然有再大的危险，英国也要维持这两国的独立现状。

而今普、法作战的结果，会不会威胁到比利时与荷兰呢？当

1870 年普法战争期间法国的国民卫队、别动队、消防队员和志愿兵

英国人正犹豫不定之时，1870 年 7 月 25 日登在《伦敦时报》上的一段柏林电报记事，犹如一枚炸弹般地惊动了伦敦市民。

这段电报记事是由普鲁士外交部发布，由法国大使贝内迪亲笔签署的合并比利时条约草案，也就是 1866 年普、奥战争时，由法国提出而在 1867 年法使贝内迪亲自签署交给俾斯麦的一份条约草案。而贝内迪签署此案时，正当伦敦会议之后，各国（包括法国在内）同意比利时为永久中立国。

世上实在再没有比这更背信之举了。

大家都认为："法国存心欺骗英国，想要并吞比利时。"

如此一来，英国上下一致决议：如果普法宣战，则严守中立。

这也正合了俾斯麦的心愿。

法国上议院全数通过对普宣战，下议院中虽有一位议员力称宣战之不智，并且声泪俱下，但激动的议员们已经听不进任何忠告，最后以 245 票对 10 票的压倒性多数，决议向普鲁士开战。

普鲁士则以遭到法国侮辱及挑战，而不得不应战的姿态，对法宣战。

当时驻柏林特派员的英国记者查理，是这样描述德国国内情形的：

值得纪念的1870年7月，德国人民普遍奋起的壮烈情景，在世界历史上也为少见。全国国民抱着为国牺牲的决心，献出所有的财物。他们意志坚强，信心十足，一意要报复法国的无礼。他们已经忘记了数年前内部的纷争，不计种族、宗教、政治立场之别而团结一致。进军法国的号角声响彻了全国。

在一声"前进！"的号令下，一百二十万德国大军渡过了莱茵河。

★✦✦✦✦✦资料链接✦✦✦✦★

普法战争

普法战争是1870年7月19日～1871年5月10日法兰西第二帝国同普鲁士王国之间的一场重大战争。

普法矛盾由来已久，19世纪60年代两国关系恶化。法国企图阻碍德意志统一，称霸欧洲。普鲁士王国企图打败法国以便统一德意志，争霸欧洲。英国、俄国则不愿法国过分强大，国际环境有利于普鲁士王国。

1868年西班牙爆发革命，西班牙临时政府建议德意志霍亨索伦王族的利奥波德亲王即西班牙王位。法国提出异议，普鲁士国王让步。1870年7月13日法国要求普鲁士国王做出永久不让霍亨索伦家族继承西班牙王位的保证，普鲁士国王同意，并电告普鲁士王国首相俾斯麦。而俾斯麦蓄意挑起战争，篡改了国王电文并公之于众，使法国蒙受耻辱。西班牙王位问题成为战争导火线。

俾斯麦
Bisimai

　　7月19日法国向普鲁士宣战。法军屡败。9月1日色当决战，9月2日拿破仑三世和麦克马洪元帅率法军投降。9月4日巴黎发生革命，推翻第二帝国，宣布共和，成立以梯也尔将军为首的国防政府。

　　战争初期，德意志人民为实现民族统一而战。后期发生转折，普鲁士王国从自卫转入侵略战争。普鲁士军队占领法国东北部，烧杀抢掠，矛头指向巴黎。

　　法国于9月4日成立的梯也尔国防政府未作积极抵抗。9月19日普军包围巴黎。巴黎人民开始组织国民自卫军。10月27日法军巴赞将军率军在梅斯投降。

　　1871年1月18日普鲁士国王威廉一世在凡尔赛宫宣布成立德意志帝国，即德意志皇帝位。1月28日法德签订停战协定，规定法国投降，解除正规军武装，召开国民议会批准条约草案等。但巴黎国民自卫军继续保持武装，要求抗击德军。3月1日法国议会批准条约草案。3月18日巴黎发生无产阶级革命，即巴黎公社武装起义。法国的凡尔赛政府调集军队与德军配合封锁巴黎。5月10日法德正式签订《法兰克福条约》，战争结束。条约条件苛刻：割让阿尔萨斯省和洛林省之大部给德国；法国赔偿五十亿法郎。在赔款付清之前，德军留驻巴黎及法国北部诸省，占领军费由法国负担。

　　普法战争改变了欧洲政治军事格局。法国受到削弱，国际地位下降。普鲁士支配全德意志，成为强国，开始在欧洲拥有优势。

色当战役的获胜

　　当德军越过莱茵河，来到阿尔萨斯和洛林时，每位德国士兵心中都充满了爱国之情。这两个地区是路易十四在两百多年前，从他们祖先的手中强行夺走的，而今他们为了收复失地而进军巴黎。

　　如果不打倒侵略过他们的法国王朝，德国民族绝对不谈和平。

　　浩浩荡荡的德国军队以排山倒海之势向法国推进。

　　自 1870 年 7 月 19 日开战进入法国以来，普军连战连捷，不到一个月就进逼到巴黎城下。

　　8 月 2 日，威廉国王亲自指挥德军进攻法国；7 日，攻至摩泽尔河；15 日，到达梅斯郊外；18 日，在圣布列乌与法军展开决战，德军将法国将军巴赞所率领的大军逼至梅斯的炮台，并且层层包围。

　　其余的普军正激烈地攻打巴黎。

　　这时的俾斯麦在哪里呢？

　　他正和威廉国王骑马渡过莱茵河。 俾斯麦身穿戎装，头戴钢盔，腰佩长剑，脚着战靴。 年轻的士兵见到他那魁伟英姿，纷纷举枪欢呼。

　　但是俾斯麦此刻在想些什么呢？

　　他正在想前几天在激战中失踪的两位爱子。 他把两个儿子都送入军中参与远征，同时编入最前线部队。 不料部队在 8 月 16 日的激战中几乎全军覆没。

　　俾斯麦在小丘上远眺山下双方大军的激烈战斗。

　　黄昏时分，法军终于败退。

　　俾斯麦骑着马跑下山丘，寻找到了他二十二岁的长子哈佛。

普法战争中普鲁士的作战会议

俾斯麦
Bisimai

原来哈佛虽身中三弹仍坚守不屈,直到法军撤退,才奄奄一息地倒在一家农舍庭院中。

次子威廉很幸运没有受伤。 不但如此,威廉在激战时,还冒着猛烈的炮火,救起了负重伤的战友,并将他送至后方救治。

当晚,俾斯麦在营火前得意地向幕僚们叙述两位爱子的英勇战迹。

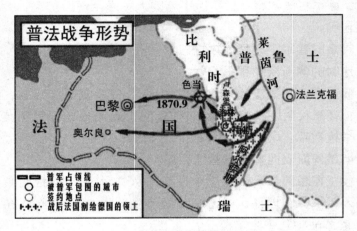

普法战争形势图

以前他常爱说: "我的祖先没有一个人不曾与法国作战。"

今后他可以说: "我的祖先和我的子孙……"

第二天,他亲自到前线去慰问伤兵,并提出战术意见作为实际作战的参考。 他发现将军们的战术,有些是在浪费士兵的生命。

德军将巴赞将军的军队围困在梅斯之后,主力军继续攻打巴黎。 不过在进攻巴黎之前,必须先击破法军主力麦克马洪的军队。

究竟麦克马洪的大军在哪里呢?

当时还没有飞机,而且战场又在法国,难怪德军找不到麦克马洪元帅所率领的法军主力。

到了 8 月 25 日,德军终于得知麦克马洪主力军的确切所在地。

麦克马洪大军正从拉姆西北出发，欲赶往梅斯救援巴赞将军的军队。

德军指挥部得知麦克马洪大军的动向后，欣喜若狂，立即下令大军向右方做了个一百八十度的大迂回，这就是历史上著名的毛奇大迂回战术。

虽然麦克马洪率领着法国的主力军，但因与巴赞将军失去联络，而丧失了救援巴赞大军的机会。 他本想退守巴黎，不料却遭巴黎议员的指责，所以不得不再次向莱茵河推进，

普法战争时的情景

而在中途犹豫时，又坐失良机，又因拿破仑三世病魔缠身，无力决断，因此丧失了许多制胜先机。

9月1日，二十万的麦克马洪大军在色当城外被四十万的德国军队包围。

驻扎在平原上的二十万法军遭到了从四面八方丘陵奔腾而至的四十万德军猛烈攻击。 虽然法军勇敢抵抗，但德军的六百多门大炮，击毁了不到三百门的法军大炮；而训练有素的法国骑兵也在普鲁士步兵的密集围攻下，溃不成军。

黄昏时分，法军退入色当城内，德军团团包围该城。

丘陵上的德军大炮都瞄准了色当城，炮弹如雨点般攻击色当城，法军仍顽强抵抗。

不久，一位手拿望远镜的普军士兵报告道："他们投降了。"

果然，色当城上竖起了白旗！

威廉一世派一位上校当任军使，赶往色当城。

这位上校到达色当城后，即被带往一家民宅，而在民宅中等

115

俾斯麦
Bisumai

待他的正是拿破仑三世。

拿破仑三世投降

拿破仑三世问明上校来意之后说："过一会儿，我会派一位使者携带着我的亲笔信函送交给普鲁士国王。"

德国上校立即奔回德军大本营，向威廉一世报告情况。 在座群臣皆惊叹道："这真是个极成功的战役！"

不久，帐外传来马蹄声，法国军使来到；同时有位法国将军携带法皇亲笔信函随行。

威廉亲王展开来函，信中这样写道：

兄弟阁下：

我在军中无法自尽，因此只能把我的佩剑呈给阁下。

阁下的善良兄弟

拿破仑（三世）

9月1日于色当

威廉一世随即写了一封回函，让法国将军带回色当。

当时已近黄昏，丘陵上的德军军营已燃起营火，战士们唱起国歌，庆祝法皇的投降。

但是俾斯麦心想："战事虽然结束了，但是真正的战争才刚刚开始。"

色当城陷落后两天，巴黎组织了新政府。 这就是所谓的法兰西第三共和国。

第一共和国出现在路易十四被杀后，第二共和国出现于路易十八下台后，如今第三共和国在拿破仑三世下台后组成，是由数

俾斯麦前去会见投降的拿破仑三世

位议会议员为了应变而建立的。 这个共和政府失去了所有的军队，而首都又被敌人包围，全国一片混乱。

资料链接

法兰西第三共和国

1870 年 9 月 4 日巴黎革命推翻法兰西第二帝国后建立的共和国，史称第三共和国。 新政权开始时，由资产阶级共和派与保王派联合组成国防政府。 1871 年 1 月 28 日国防政府与德意志帝国签订停战协定。 2 月选出由保王党人占绝大多数的国民议会，梯也尔被选为政府首脑，后任总统。 他与德国正式签订了《法兰克福条约》，并联合德军镇压了巴黎公社起义。

梯也尔力图建立保守共和国，但遭到保王派与共和派的反对。 1873 年 5 月，梯也尔被迫辞职，极端保王派人麦克马洪当选总统。 右翼势力继续加强，建立合乎天主教规范的"道德秩序"。 正统派与奥尔良派加紧勾结，图谋恢复王朝体制，以甘必大为首的共和派为确立共和制进行长期而激烈的斗争。 国民议会终于通过 1875 年宪法，以法律的形式肯定共和制，在 1876 年众议院选举和 1879 年 1 月参议院选举中，共和派取得稳定多数。 在国民的支持下，甘必大迫使麦克马

俾斯麦
Bisimai

洪辞职，共和派格雷维当选总统，终于确立共和派的共和国。

　　而今俾斯麦所要做的就是与这个临时政府议和，而对手正是他最讨厌的议会政治家。

　　不过此时俾斯麦所面临的最大困扰则是普鲁士的常胜军。战争之初，俾斯麦就反对军队围攻巴黎，他深知其危险性。 他的目的是统一德国，而不是征服法国。 所以他认为只要对法国略施惩罚，除去统一德国的障碍即可。 至于过分地羞辱法国而招致怨恨，则并非他本意。

　　同时麦克马洪大军已在色当城投降，如今只要攻下梅斯城，歼灭巴赞大军，法国便等于完全失去抵御能力。 因此他想停止军事行动，开始进行和谈。

　　但德军的将领们已在普、奥之战中丧失了进入维也纳的机会，这次大家都决心一定要攻陷巴黎。

　　所以当拿破仑三世在色当城投降后，毛奇率领大军就立即转向巴黎，两周后到达巴黎郊外，层层包围法国国都。

　　俾斯麦所要对付的第二大难题就是外国的干涉。

　　首先要对付的是英国。 当初英国的舆论因为受到法国阴谋并吞比利时的刺激，而激烈地反法；如今拿破仑三世已投降，法军几乎全军覆灭，英国人的想法于是有了改变。 尤其是被围困在梅斯的巴赞大军，士兵因饥饿而煮食皮靴的新闻报道，引起了维多利亚女王的同情，所以英国便向普鲁士请求运送粮草进入梅斯城内，同时知会普鲁士，英国不承认法国割地给普鲁士作为和平条件。

　　对于英国的无理要求，普鲁士断然拒绝。 四天后，梅斯城内的十六万三千名法军无条件投降。

　　其次要对付的是奥地利。 当时奥地利曾暗中计划自侧面偷袭普鲁士，幸为俄军所阻挡，这是俾斯麦多年来的亲俄政策的功效。 俄军一方面牵制奥地利出兵，一方面在 10 月 31 日，突然声明终止克里米亚战争和平条约中有关黑海义务的条款，这个举动对英国不亚于晴天霹雳。 此和平条约是在克里米亚战争后，俄与英、法、意三国所缔结的。 其中小国意大利不提，法国已经战败，无暇他顾，唯独英国最难招惹。 此时此地公开作这种声明，无异是对英挑战，虽然英国无法独力与俄作战，但为了顾全脸面，也绝不会默认俄国单方面废弃条约的无理声明。

俾斯麦见英国陷入窘境，便提议召开伦敦会议，召集欧洲各国代表在伦敦集会共同讨论有关黑海的问题。 1871 年 1 月 17 日，伦敦会议召开，各国代表首先郑重声明条约的神圣性，任何国家都不得擅自废弃。 然后经过具体的讨论，决议接受俄建议改订 1856 年的黑海协定，英国也在各国代表声明条约神圣的决议下，挽回了颜面。

这些都是俾斯麦成功筹划，卖给俄国人情，从而使英、奥无法从背后偷袭德军，而后德国便可全力对付正面之敌——法国。

而处理法国问题就是俾斯麦所要面对的第三件难题。 拿破仑三世已被德军俘虏，而巴黎新政府的政治家根本没有代表全法国的实力，俾斯麦究竟要与谁议和呢？

他想到的一个办法是让拿破仑三世恢复帝位，可经过数次交涉后，他发现此法行不通。 于是他又想成立一个受全法国国民支持的政

普法战争中的毛奇

府，前提得让法国尽快实施总选举，选出民意代表，成立议会政府，但是巴黎议会的政治家完全不同意他的建议，所以最后的办法只有与这些巴黎政治家谈判，来完成和约的签订。

普、法战争一开始时，俾斯麦就成立了一个临时外交部，随着国王和军队四处移动。 其下有部长、书记官、电报员、新闻

官、传令兵以及伙夫等。

俾斯麦与这些部下在军中共同生活，他爱护部属的行为令他们大为感动，每一个人都勤奋地为他工作。

色当城陷落两周后，俾斯麦在巴黎近郊罗斯柴尔德男爵的别墅中饮宴时，他面前出现了法国新政府的代表法布尔。

这位有雄辩之才的政客来意是要和俾斯麦商谈停战的条件，但是他滔滔不绝，好像忘了他的目的。他谈到爱国心以及法国民族的过去和现在，他说："我们不惜倾尽囊箧，也绝不愿割舍任何一块祖国领土。"

但俾斯麦冷漠地对他说："斯特拉斯堡是我家大门的钥匙，我一定要拥有它。"

法布尔则表示这项举措会严重损害法国人民的荣誉心，留下无穷后患，最后甚至声泪俱下。

俾斯麦却不为所动。

第二天早上，两人再度会见，法布尔要求俾斯麦给十五天的考虑时限，同时将法文文书交给俾斯麦。

俾斯麦立即将一份德文文书交给法布尔，说："阁下，这是我们的回答。"

俾斯麦的这份德文文书打破了以往的外交惯例，因为过去都用法文外交书，但俾斯麦自从统一北部德国之后，就有意向世界确定德语的地位。所以他打破惯例，以德文进行外交交涉。也就是说，他要以德国文化向历史悠久的法国文化挑战。

普法战争中设置街垒的巴黎学生志愿军

法布尔看到俾斯麦的外交书后，开始逐条讨论，倾其所有的智谋和辩才，欲作有利于法国的协定。

但是俾斯麦则寸步不让。

经过三次讨论之后，法布尔疲惫不堪地拖着沉重的脚步返回巴黎，他的口袋中带着一份条件苛刻的停战条约。

不久，法布尔派人回复俾斯麦，表示巴黎政府拒绝了德国的要求。

当时法国政治家杰鲁访问欧洲，策动各国进行武力干涉。所以巴黎的临时政府希望能借此造成有利于法国的局面。

不过，此时德军已发动其精兵，攻陷斯特拉斯堡，南侵罗瓦地区，大军包围了巴黎。

炮击巴黎的日子日益迫近，全欧洲都在关心此事。

法布尔派人送信给俾斯麦，信中写道：

> 阁下准备何时轰击巴黎？届时请知会一声，因为必须要让各国外交使节安全撤离。

俾斯麦则答道：

> 炮击巴黎的时间和方法纯属军事机密，很遗憾，我无可奉告。

巴黎人民仍然不愿投降，他们决心为国殉身。 虽然他们明知这是无益之举，但这正体现了法国人的民族精神。

1870 年 10 月 4 日，俾斯麦通告欧洲各国政府，说明破坏巴黎的责任不在德军，而在于抵抗的巴黎人民。 当天他便进驻巴黎西南的凡尔赛。

凡尔赛是曾使法国成为欧洲第一强国，同时成为世界第一的文化中心，也是路易十四所建立的大宫殿所在地。

凡尔赛宫

1624 年，法王路易十三以 1 万里弗尔的价格买下面积达 117 法亩的凡尔赛宫原址附近的森林、荒地和沼泽地并修建一座两层红砖楼房，作为狩猎行宫。当时的凡尔赛行宫仅拥有二十六个房间，一层为家具储藏室和兵器库，二楼为国王办公室、寝室、接见室、藏衣室、随从人员卧室等房间。

1660 年，法王路易十四参观财政大臣富凯的沃子爵城堡，为其房屋与花园的宏伟壮丽所折服，当时王室在巴黎郊外的行宫等无一可以与其相比。于是，路易十四怒其不尽职守，以贪污罪将富凯投入巴士底狱，并命令沃子爵城堡的设计师勒诺特和著名建筑师勒沃为其设计新的行宫。当时的

凡尔赛宫图

路易十四已决定将王室宫廷迁出因市民不断暴动以反抗王室而混乱喧闹的巴黎城，经考察权衡决定以路易十三在凡尔赛的狩猎行宫为基础建造新宫殿，并为此征购了 6.7 平方公里的土地。1667 年，勒诺特设计凡尔赛花园及喷泉，勒沃在狩猎行宫的西、北、南三面添建新宫殿，将原来的狩猎行宫包围起来。原行宫的东面被保留下来作为主要入口，修建了大理石庭院。1674 年，建筑师孟莎从勒沃手中接管了凡尔赛宫工程，他增建了宫殿的南北两翼、教堂、橘园和大小马厩等附属建筑，并在宫前修建了三条放射状大道。为了吸引居民到凡尔赛定居，还在凡尔赛镇修建了大量住宅和办公用房。为确保凡尔赛宫的建设顺利进行，路易十四下令十年之内在全国范围内禁止其他新建建筑使用石料。

1682 年 5 月 6 日，路易十四宣布将法兰西宫廷从巴黎迁往凡尔赛。1688 年，凡尔赛宫主体部分建筑工程完工。1710 年，整个凡尔

赛宫殿和花园的建设全部完成，并旋即成为欧洲最大、最雄伟、最豪华的宫殿建筑和法国乃至欧洲的贵族活动中心、艺术中心和文化时尚的发源地。为了安置其众多的情妇，路易十四还修建了大特里亚农宫和马尔利宫。法王路易十五和路易十六时期又修建了小特里亚农宫和瑞士农庄等建筑。

1789年10月6日，路易十六被法国大革命中的巴黎民众挟至巴黎城内，后被推上断头台斩首。凡尔赛宫作为法兰西宫廷的历史至此终结。

1833年，奥尔良王朝的路易·菲利普国王下令修复凡尔赛宫，将其改为历史博物馆。

遭到法国国民的攻击

当时巴黎的舆论如何谴责俾斯麦呢？
巴黎的报纸正尽其所能地诬骂可恨的俾斯麦。

他们称俾斯麦是"恶魔的化身"、"基督的叛徒"、"现代的马基雅维利"、"维苏威火山外交官"、"充满了鬼主意的野蛮人"……

他们指责俾斯麦是杀害四百万生命的吸血魔鬼，指责他的私生活正如杀害了六位妻子而将尸体藏在密室中的恐怖的"蓝胡子"再世。传言他用狗鞭鞭打妻子，同时说他有一专供妻妾居住的私邸，凡是见到柏林的美丽修女，就派遣一批恶魔将修女从修道院绑架夺走。又说他的私生子至少五十个，有一次他的一位爱妾在戏院内与一位俄国贵族幽会，俾斯麦发现后，将这位爱妾带到舞台后面，用马鞭打得她皮开肉绽，奄奄一息。此外，他还利用外交机密，操纵欧洲各国的股票市场，大做投机生意，获取暴利。最后骂他是破坏了"十戒"中每一条戒律的罪大恶

极之徒。

类似这些恶毒中伤，每天都出现在巴黎的新闻中，造成了相当的新闻幻觉。 不难想象，这些印象将对后来法国人关于德国人的看法有着很大的影响。

不过这些攻击，不仅是俾斯麦一人，也是所有从政者必须背负的十字架。 也就是说，如果畏惧这些毁谤和咒骂，便无法有所作为。 因为所有的毁谤正是对当事人承受能力的一种考验。

那么俾斯麦对法国人的看法又如何呢？

前面已提过他很喜欢英国人和美国人，同时对俄国人也有好感。 他曾批评法国人说："法国人可能是世界上最肮脏的民族了。"

德国人可说是欧洲人中最爱清洁的民族，他们对法国人不关心肥皂和清水的法国人简直无法容忍。

俾斯麦的妻子非常爱清洁，她认为肥皂和毛巾与宗教信仰有着密切的关系。 换言之，不将身体保持清洁的民族，他们的精神必定同样地污秽。 不难想象，俾斯麦的想法肯定会受到他妻子的极大影响。

另外，俾斯麦极为轻视法国人的体格，他曾夸张地说：

"我们德军一个中队排成一横列时，要比法军的横队宽出五米。"

他一向认为法国男子缺乏男性气概，同时他也认为法国缺少美女。

他曾对友人说："我走遍法国乡间，还未碰见一位中意的女子，全是些姿色平庸之人。 也许有美女，不过可能都被卖到巴黎去了。"

他还说法国人只有一张嘴，而没有一颗真诚的心，唯有德国人有一颗真诚的心，不过英国人也有一点点；但法国人的心里充满了嫉妒与憎恨。

他批评法国人没有内涵，只不过拥有一些财富和礼仪，毫不足畏。 他们除非在伟大的领导者之下，才会产生力量。 而德国人因为每一个人都有主见，所以在分裂的日子里，仍然是伟大的。

俾斯麦的这些说法，在今天看来真让人无限地感慨！在当时，他对德、法所做的批评或许无误，但是今天的情况已完全相反。

如今，个性最独立的首推法国人，所以法国的舆论无法统一，政情也不安定，但法国人本身却创造了许多伟大的事迹。相反地，抽象概念发达的德国人却缺乏具体的个性，这是威廉二世和希特勒的统治造成的——"在一个独裁者的领导下盲目地跟进"。

那么是谁使德国人变得如此呢？不就是俾斯麦吗？正如本文所说："俾斯麦使德国伟大，但却使德国人渺小。"

俾斯麦家乡的纪念塔

一百多年前，俾斯麦所夸耀的德国民族性，是斯坦因及歌德时代所具有的。可是在俾斯麦二十八年高压政策之下，伟大的德国政府虽然产生了，但是奔放自由的德国民族性却逐渐衰退了。

法国人在独处时无法自我约束，而德国人即使独处也感觉神能察知一切，所以会遵守义务。

代表德国人的俾斯麦和代表法国人的巴黎人，彼此都持有偏见。他们之间的误解和反感，就是两国间千年来不能和平相处的根源。虽然他们之间仅隔着一条莱茵河，但他们的心却如相隔千万里的南北两极。这实在是历史上的一大不幸！

色当城的攻陷犹如德国统一的时钟。

数千年来一直威胁着德国民族的"强大的法国军队"，在一夜之间被解除武装，德国人心中都充满了喜悦。

"统一吧！"

"建立帝国吧！"

南部德国也出现了要求统一的呼声。当初南部德国认为与其居于北部德国的下风，倒不如与奥合并或向法国投降，但在得知"法皇在色当城投降"的消息之后，立即掀起愿与北德邦联合并的运动。他们齐声喊道："快夺回阿尔萨斯和洛林吧！"

这个口号逐渐传遍全德国，其目的就在于统一德国。

原本反对进攻巴黎，也不愿夺取阿尔萨斯和洛林的俾斯麦，逐渐被舆论所打动，改变了他的政策。

注重现实政治的俾斯麦，随时注意着国民的意向。如今他认为若要达成统一的最终目的，必须自己退让一步，按照民意夺回阿尔萨斯及洛林，更何况他发现这是让南德诸邦并入普鲁士的最佳诱饵。

受到舆论的影响，南德诸邦君主纷纷遣使谒见俾斯麦，要求加入北部德国邦联。眼见枝头的果实就要成熟，但俾斯麦仍按兵不动，他要等到果子完全成熟时再说。

他时刻注意着统一的"果实"，若在还未成熟时便摘取，将会减损果实的价值。绝不能因一时的胜利而贸然行动，否则必将遭到难以预料的困难。

"不急！"他想。

他觉察到英国有可能出面干涉的危险，于是静观巴黎无政府状态的变化。这个统一德国的大好机会仍可能随时从他的手中飞逝。

不过，他并不着急。他一生都在焦躁中沉着等待机会的来临。

可是许多阻碍却意外横生。

其一就是王子腓特烈亲王的急进论。王子主张由父王威廉一世登上德国皇帝帝位，其他德国小邦君主都位列群臣，并且公布统一德国的宪法，建立名副其实的独立帝国。如果有邦国胆敢反对，则以武力镇压。

王子的态度和以前截然不同，过去王子是自由主义者，他建议父王停止与奥战争，也曾数次反对对外宣战。可是当他看到

俾斯麦犹豫不决时，转而主张速战速决。

王子以责备的口气对俾斯麦说："到了这个地步，你还犹豫不决，难道是在否定自己的力量吗？"

听到王子这番话的俾斯麦，肯定会在心中大笑。 这是他第一次听到别人说他不认识自己的力量，而这句话又偏偏出自于自由主义者的王子之口。

俾斯麦徐徐答道："南德诸邦目前是我方的友军，就凭这一点，我们便不能以武力威胁，否则只有眼睁睁地看着他们投向奥地利的怀抱。"

俾斯麦坚持自己的看法，但王子固执己见不肯让步，于是他采用他最拿手的办法，对王子说道："既然如此，我只好请陛下另觅良才了。"

王子终于让步，不再坚持。

此外，另一层障碍是巴伐利亚的反对统一。

南部四邦中，以巴伐利亚领地最广，其王室也为欧洲世家，所以不愿屈居于普鲁士之下。

双方派出的使者不知在凡尔赛和慕尼黑往返了多少次。 巴伐利亚主张邮政、电信、铁路独立；享有平时军队独立权；外交方面，则主张设立一个以巴伐利亚代表为议长，由各国派遣代表出席的常设委员会。

同时，其他各邦也顽固地要求保留各自军队的制服和徽章。

一向很有耐性的俾斯麦，这时也几乎忍无可忍，他想策动各国民众威胁他们的君主。 幸好各国最后终于同意签署条约，这是攻陷色当城后两个半月的事情。

当晚，俾斯麦愉快地回到自己的寓所，在客厅中对部属说："巴伐利亚终于签署了条约，德国统一总算完成了。 今后要以德国皇帝的名义统治，这是一件大事情。 当然这个条约仍有缺失，不过因为这个条约，我们现在更强大了！至于不完美之处，只要以后慢慢改订便可。"

不过仍有部分人士指责俾斯麦对巴伐利亚过于让步。 尤其是德国议会内的统一派议员，他们纷纷打电报给俾斯麦，要求他订立一个更为中央集权的条约。俾斯麦立即回电表明自己的意思，而这个方法又平息了反对派的争议。

克服一切障碍之后，俾斯麦将要完成统一德国的大业了。

俾斯麦在完成他毕生的两件大事业——击败法国和统一德国的五个月中，应该是他最得意的日子了，可是事实上却完全相反。

在这五个月的时间里，他每天都在悒郁、不安、焦躁、痛愤的心情下度过。繁忙的公务使他的神经紧张，时常对属下发脾气。他的失眠、晚起等毛病日益严重。他常因忧虑而辗转难眠，直至破晓时分，才恍惚入梦。如果佣人在上午 11 点前将他吵醒，他将很不高兴。

他仍旧狂饮、暴食，他吃不惯国王的膳食，所以每次国王要他一同进餐时，他一定会在家中吃饱才去。

在战场上，由于妻子不在身边，他常感到寂寞，而最让他痛苦的是四周人们对他的反感。除了他的僚属之外，几乎所有的人都憎恨他、嫉妒他，而他最难过的是军事首长常对他隐瞒许多军事机密，这让他在执行政务时常感到不便。有时他必须从《伦敦时报》特派员的口中才能探知一些军情。

不过这种尴尬局面却是俾斯麦自己一手造成的。因为他过去常以独裁手段，毫不客气地干涉战略和战术，同时激烈责难军人的战略，而且军人愈讨厌他，他就愈找机会在众人面前辱骂他们的长官。

其中尤以毛奇与他相交最恶，这两个人不论在哪一方面都截然不同。

毛奇的父亲虽是德国人，但后来移民丹麦，才生下他，所以他在二十二岁以前是丹麦的军官。后来进入德国军中，四十年后曾率领德军攻打丹麦。有这种不平凡经历的毛奇，性格也与常人不同。

毛奇冷静，而俾斯麦容易激动；毛奇沉默寡言，而俾斯麦词

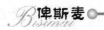

锋犀利；俾斯麦以自我为中心，但毛奇却全然无我；俾斯麦态度傲慢，毛奇则待人殷勤；俾斯麦喜爱狩猎、豪饮、暴食、晚起，毛奇则爱写小说、翻译外国名著、聆赏莫扎特乐曲、节食、少饮、早起；俾斯麦体格魁梧肥胖，毛奇却身材瘦削；俾斯麦住在豪华的宅邸，并有许多秘书为他办事，毛奇则与年轻的英国妻子过着简朴的生活，膝下无子女，凡事不假手他人。

色当城陷落当日的黄昏时分，毛奇见俾斯麦骑马迎面而来，就邀请他同乘一辆马车巡视普军阵地，士兵们看到毛奇时都齐声欢呼，祝贺战事的成功。此时，俾斯麦对毛奇说："奇怪！他们怎么这么快就认出了我呢？"

当时，毛奇不动声色，等到四天以后，才将此笑话说给同僚将官们听，而他自己也忍不住笑了出来。

像这样各方面都相反的两个人，不发生冲突才怪呢！他们之间大的冲突以在普、法之战中最为明显，而在围攻巴黎时则达于高潮。

毛奇不但不告诉俾斯麦所有的军事机密，就连政治、外交等事，也都直接禀告国王，左右国王的意见。

统一德国的三大功臣——
俾斯麦、罗恩、毛奇

前面曾提到俾斯麦反对进攻巴黎，而主张在攻陷色当城后，驻军于亚冈森林，引诱巴黎敌军至平地，然后一决胜负。可是毛奇根本不把俾斯麦的战略放在眼里，他按照自己的计划率领大军包围巴黎。

一切对外交谈判有利的军事进展，毛奇都不肯透露给俾斯麦。俾斯麦心中的气愤，可从他对僚属的抱怨中得知："你们看看，这些忘恩负义的军人一点都不感念当初我在议会中为他们争取军费的情形，竟然以这种态度对我！等着瞧吧，我要让他们知道，以后我会完全改变。等回到国内之后，我会连一毛钱都

不为他们争取！"

另外，让俾斯麦伤脑筋的是如何处置德国邦联的小君主。这些虚荣、无知又无能的小国君主，使俾斯麦煞费苦心。

1870 年 11 月的某日傍晚，他和德国南部某小邦的大臣会谈之后，回到旅馆。在部属群聚闲谈的客厅中喝了一杯啤酒后说："真受不了！过去我想过好几次，但以现在最为迫切。我真希望变成一位有权命令别人行动的人，纵使只有五分钟也是好的。"

由此可见，他为了奉承南部诸邦的君主，内心是多么的痛苦！

12 月中旬，他突然失踪了。整整一星期，没有人知道他的踪迹。原来这正是他惯用的伎俩，目的是整整那些对他元礼的可恨的军人。

当他出现之后，大家都松了一口气。王子立即招待他和毛奇进餐，希望两人言归于好。可是毛奇依然沉默寡言，而俾斯麦又毫不客气地批评毛奇的战略，结果一场宴席不欢而散。

在这种不愉快的气氛下，俾斯麦仍得费心与正面的敌人巴黎政治家谈判如何收拾战局。而对方是法国最出色的人才齐耶及其助手雄辩家法布尔。

争取德意志统一

除了和平谈判之外，另有一件大事要进行，那就是统一德国。

当南德的四个主要邦国要求和北德合并时，统一的准备可谓一切就绪，可是却又发生了意外。那就是元首的称谓问题，因为威廉国王反对被称为"皇帝"。他说自己是普鲁士人，深爱"普鲁士国王"这个名号。

国王还说："我不能放弃这个深具历史意义的'普鲁士国

王'之称，而将过去视为敌人的头衔加在自己身上。 这是我决不答应的事。"

当初俾斯麦也同意国王的意见，但为了统一德国，他相信普鲁士一定要改为帝国，而普鲁士国王也必须改称德国皇帝。

王子一开始就同意"皇帝"之称，国王的女婿巴登大公也持相同看法，可是这两人都无法做主，俾斯麦也一样。 这件事最好是由普鲁士以外的邦国巴伐利亚建议，所以俾斯麦就想请巴伐利亚的路德维希国王献冠给威廉一世。 然而路德维希国王也反对普鲁士王称帝。 现在俾斯麦究竟要使出什么样的魔法才能让这位反对称帝的巴伐利亚国王将皇冠戴在同为反对者的威廉国王头上呢？

路德维希国王很喜欢音乐，并且讲究气派。 他常在慕尼黑宏伟的宫殿内欣赏歌剧。 虽然他接到堂弟巴登大公寄给他的有关德国皇帝问题的信件，但始终不予理会。 因为他反对帝国，也反对皇帝，所以不愿被牵扯进去。

但后来他接获一封邀请函，信函中指出如果他有意到凡尔赛，将请他住在路易十四建的美丽宫殿别馆之中。 为此，路德维希国王心动了，因为这种机会实在是难得。

路德维希国王派斯坦贝格伯爵向俾斯麦询问其别馆——特里侬宫殿的情形，这正是俾斯麦求之不得的事。

俾斯麦紧紧掌握了斯坦贝格伯爵和路德维希国王的心态，写了三封信交给好斯坦伯爵。 这三封信充分体现了俾斯麦是如何掌握人心的。

第一封信的目的在于说服路德维希国王。 俾斯麦说明如果德国统一之后，由"普鲁士国王"干涉巴伐利亚内政，无疑是伤害了巴伐利亚国王的尊严。 因为"巴伐利亚国王"和"普鲁士国王"是平等的，并无尊卑之分。 但若改称'德国皇帝'则可另当别论。 纵使德国皇帝干涉巴伐利亚内政，巴伐利亚国王也没有理由感到羞辱，俾斯麦以此来满足路德维希国王的虚荣心。

在第二封信中，俾斯麦详细说明自己家族和巴伐利亚王室的关系。 因为巴伐利亚国王的祖先在布兰登堡时是俾斯麦祖先的国

王。为此，俾斯麦在信中诚恳地向巴伐利亚路德维希国王表示自己的感戴之意。

第三封信是一份拟稿。俾斯麦建议路德维希国王若能按照拟稿回信，则是他无上的光荣。此拟稿内容为巴伐利亚

德意志帝国全国统一大会

国王劝告普鲁士国王答应称帝之事。

斯坦贝格伯爵带着这三封信返回慕尼黑，呈递给路德维希国王。因牙痛卧床的路德维希国王看了俾斯麦的来信，露出笑容。他再三阅读了来信之后，就提笔按照俾斯麦的要求，将俾斯麦的第三封信抄写了一份，交给斯坦贝格伯爵。对这件事他连内阁的意见都不征询。

斯坦贝格伯爵带着国王的书信回到凡尔赛。当威廉国王听到"巴伐利亚国王有信来"的报告时说："那是首相之事，先给俾斯麦看看。"

在当天所有宴席结束之后，王子邀请国王一同听俾斯麦念来函的内容。俾斯麦不动声色，以庄严的语气念出自己所拟的信函后，老国王很不高兴地说："怎么在这个时候有这种信呢？"

国王并不知道这是俾斯麦的计谋，愤而离座回宫。

王子感到很满意，他紧握住俾斯麦的手，高兴得不得了！

不过国王仍坚持他的意见，所以俾斯麦不得不再度运用其伎俩，召开了柏林议会。

议会中，他诘问议员："德国统一之后，统治全德国的元首应当如何称呼？"代理首相立即站起来宣读了巴伐利亚国王的来信。

结果，议会派出了三十名代表到凡尔赛宫晋见国王，要求国王戴上德国皇帝冠冕。

一切已准备就绪，现在只剩下正式的加冕大典了。

实现德意志帝国的强大

国家在策动战争时必须要小心从事，除非全面大胜，否则，在观感上便已经是失败了。

——俾斯麦

俾斯麦
Bisimai

德意志帝国成立

1871 年 1 月 18 日，德意志帝国在凡尔赛宫正式声明成立。但是在前一天，威廉国王仍然强烈地反对此事。国王说他愿答应称"德意志的皇帝"，而绝不接受"德意志皇帝"之称。

俾斯麦对国王的偏见全力劝导。俾斯麦解释说："德意志的皇帝会令人误以为国王将全德领土视为己有，而招致其他邦国君王的反对。并且按照过去的例子来看，罗马帝国和俄罗斯帝国都是称'罗马皇帝'、'俄罗斯皇帝'，而不是称'罗马的皇帝'、'俄罗斯的皇帝'。就连普鲁士的银币上刻的也是'普鲁士王'，并非'普鲁士的王'。再说'皇帝'和'国王'之间，在地位上并无上下之分，由'普鲁士王'改为'德意志皇帝'并不表示由地位较低的'普鲁士王'晋升为'皇帝'。"俾斯麦如此详细说明。但是老王一旦决定之后，就很固执。

"我绝对不做'德意志皇帝'！"他如此大吼着，像个小孩子一样，然后拂袖离座，走到窗前眺望远方。

不久，老国王流下眼泪，并说："也许过了今天，我就不能再称为普鲁士王了！"

国王认为这个称呼是他的祖先用剑维护，沿袭而来的可贵尊号，经过腓特烈大王的英名之后，已经被神圣化。如今要放弃它，而成为莫名其妙的德国皇帝，实在心有不甘。

最后，国王对俾斯麦说："王子也与卿持同样的意见，但我绝不让步！我还是要普鲁士王的名号。明天的典礼，我不参加。"

国王甚至威胁俾斯麦，如果再强迫他，他就要退位，让王子继承皇位。

但是俾斯麦毫不慌乱，因为他了解老国王的脾气。

他深知这位军人性格的国王，刚勇、正直、有责任感，没有一点虚荣心和功名心，只不过是性情偏激、固执了些而已。所以俾斯麦打算用他的责任感来说服他。

第二天早上，俾斯麦问位列邦联诸王首席的巴登大公说："当我宣读完帝国成立的文告后，大公出面发表祝词时，准备如何称呼威廉老王？"

大公回答道："我想按照国王的意思，称他为'德意志的皇帝'。"

俾斯麦说："这违反了柏林会议的决议。"

经俾斯麦这么一提醒，大公一时也不知如何是好。俾斯麦知道大公也是一位立宪主义者，极为尊重议会的决议，所以他正期待着自己所投的妙药奏效。

不出所料，巴登大公立即求见威廉国王，与国王进行了一段长时间的会谈。

我不知道他们两位君臣在这次会谈中谈些什么。

不过在正式典礼上，巴登大公避开难题，称呼国王为"威廉皇帝"。

这是俾斯麦在回忆录中写上的一段。

在典礼的前一天，有一份以宫内大臣名义公布的文告中写道："明日正午在宫殿内举行大典。"

因此俾斯麦相信，虽然皇帝名称未定，但威廉国王一定会出席此次典礼。他知道威廉国王是一位有责任感的人，一旦自己的臣属发布了公告，身为国王而主持其事则是他神圣的义务。

典礼当日，在王子腓特烈亲王的指挥下，六十位手持军旗的士官，六百位将官，数十位文官，列队进入凡尔赛宫的大厅，随后是各邦联的元首，最后出现的是威廉国王。

威廉一世在法国凡尔赛宫登基为皇帝，白衣者为俾斯麦

从国王的日记中可以看出当时的景况："对于军人的行列及军旗的摆置，我丝毫不在意。他们曾要增设王座，但为我所拒。因为我要在典礼中和各国君主并列在神前。不过我发现自己的军旗被竖立在较高的位置，所以我就步上其位。因为我相信，军旗所立之处，就是我站立之所。"

典礼开始，在祈祷之后，俾斯麦庄严地宣读德意志帝国成立的文告。

他的声音洪亮。他打败了丹麦、奥地利和法国，并且排除了列强的干涉，顺利地建立起德意志帝国。由于内心激动，他的脸色略显苍白。

当俾斯麦宣读完毕时，全场鼓掌欢呼。

王子腓特烈亲王走到父皇面前，跪在地上亲吻父皇之手，而老皇帝也扶起王子，双手拥他入怀。因为这个帝国将会由这位王子继承，父子二人激动得热泪盈眶。

威廉一世步下了高台。

这时满场人士都不约而同地将注意力放在俾斯麦身上。

俾斯麦是创建帝国、拥立国王称帝的大功臣，新皇帝必会在众人面前向他表示谢意，大家都如此期待着。

可是新皇帝走过俾斯麦身旁，径自走到排在俾斯麦身后的军伍前，伸出手和将官们一一握手致谢，直到最后都未与俾斯麦交谈半句。

关于当时的情景，俾斯麦在回忆录中写着："陛下对我所采取的行动极为愤怒，所以当他步下高台时，完全无视我的存在，而走到我身后的将军面前，与他们一一握手。 皇帝这种冷淡的态度持续了数日，但不久，我们间的关系又和好了。"

这就是新皇帝对俾斯麦将近十年辛苦努力的回报。

俾斯麦在众目睽睽之下忍住了羞辱，因为他了解皇帝的性情，他相信皇帝暂时的怒意不久之后便可化解。 更何况自己的所作所为也是为了德国的将来，所以俾斯麦并不与威廉皇帝计较。

接着，还有一件大事等着他处理，那就是与法国议和。

趁英国尚未干涉之机，必须及早向法国索取土地与偿金；而且在自己的军队的野心尚未得逞之时，必须赶快自法国撤兵。

所以俾斯麦立即着手准备议和的工作。

这时距凡尔赛不远的巴黎，情况却极为凄惨。

被围困的巴黎城内充满了饥饿、绝望、患病、死亡的人。他们无力突破包围的德军，只是不愿投降而继续作困兽之斗。不过在他们心中仍有一线希望，那就是期待外国的干涉。

法国建立的文化，其恩泽广布世界，而今这个文化之都将被野蛮的普鲁士军队摧毁，世界上的其他文明国家总不至于坐视不管吧！

但当巴黎人民看到原本值得信赖的英国在此时仍按兵不动时，他们终于绝望了。

1871 年 1 月 25 日，一位法国士官求见俾斯麦，呈上一封信函，这是法国临时政府的代表法布尔要求会见的信函。

1 月底，俾斯麦和法布尔开始交涉历史上著名的停战条约。

俾斯麦一开口就对法布尔说："这一次，阁下绝不能再说不愿割让任何一块土地了。 因为现在的情势已与去年 9 月不同。如果阁下还是坚持己见，那就没有什么好谈的了。"

俾斯麦又说:"你的头发比上次见面时白了许多,不过这次你已没有好机会了。隔壁房内,拿破仑三世的代表正等着我,我正想与其交涉……至于阁下,我已不想多说什么,因为我可以不承认阁下代表的共和政府。那只不过是由数位叛乱者组成。如果皇帝再返巴黎,你们都会被处死。"

法布尔说:"这样一来,本国会发生内乱,变成无政府状态。"

俾斯麦却不在乎地说:"这还说不定呢,再说贵国内乱对我们德国人并无不利之处。"

法布尔说:"阁下不怕我们在绝望之余会全力抵抗吗?"

"抵抗?那又如何呢?你们为了维护军人的荣誉,而陷二百万市民于饥饿之中,此乃人神共愤之举!"

俾斯麦说完后,离座而起,欲至隔壁房中会见他所说的所谓的拿破仑三世的使者。

"请等一等,"法布尔叫道,"我们已经受够了!请不要再侮辱拿破仑三世。"

很快,停战条款全部谈妥。首先双方同意停战二十一天,让法国国民选举国民议会,成立议和组织。此外,俾斯麦要求两亿法郎赔偿金,解除巴黎守备军的武装,拆毁巴黎城墙,并主张让德军占领巴黎,而最后一点是法布尔最难接受的。

饭后,俾斯麦请法布尔抽支雪茄,法布尔予以辞谢。俾斯麦就笑着说:"这你就错了,我以为在展开激烈讨论之前,最好抽支雪茄,因为任何人都不愿雪茄掉落地上,所以不至于过分激动,而且抽烟能使人镇静。再者雪茄冒出的紫色烟雾,看起来极富魅力,这样我们自然会变得容易妥协,因为眼睛有东西看,手里有东西玩,雪茄的香味又如此怡人。所以抽支雪茄,实在是幸福的。"

不久,俾斯麦在谈话中逐渐变得激动,这时与法布尔同行的一位法国伯爵随即面带笑容地拿出雪茄递给俾斯麦。

虽然俾斯麦有副铁石心肠,但对战败国的使者,始终态度和蔼、殷切，绝不忘和颜悦色的外交官作风。

后来法布尔回忆当时的情景说："在政治方面，他的才能实在出乎我的意料。他重事实，一切谈判，都集中于如何解决实际问题。他是一位善感而略微神经质的人，有时我会为他的过于热情而吃惊，但有时也会被他的冷酷而惊吓……不过他从不欺骗自己。当然，他那冷峻的态度，时常伤害了我的感情，也令我愤怒。但不论大小之事，他的处理都公允而正确。"

当晚，法布尔带着苛刻的停战条件返回巴黎。

午夜时分，法布尔在他外交部办公厅的阳台上，眺望着星光下的塞纳河，敌我双方的隆隆炮声不断传入耳内，拿破仑帝国在今晚便将结束了。

想到往日的繁华与今日的残破——历史的演变比走马灯还要快。法布尔怅然叹息，禁不住泪流满面。

同时，在巴黎市内，星空下也有一位青年站在巴黎北方的蒙马特丘陵之上。

他静静地听着隆隆的炮声，知道德军已将巨炮安置在小镇上，准备攻击路易十四和拿破仑所建造的国都。

这位青年咬牙切齿地对自己说道："我一定要报仇！"

他就是克里蒙梭。

克里蒙梭不像法布尔般软弱哭泣，却像俾斯麦般激愤不已。

四十八年后，他同样在凡尔赛宫把战败的德国使臣叫到面前，抛下条约文书，大声吼道："快签字！不许再讨论了！"

新选出的法兰西共和国议会，于 1871 年 2 月 12 日在波尔多小镇召开会议。

经过激烈讨论之后，新议会决定派齐耶为全权大使，以法布尔及皮卡尔为副使，率领十五位议员到凡尔赛与俾斯麦谈判和约。

2 月 21 日，齐耶与俾斯麦会面。俾斯麦提出的议和条件是，割让包括斯特拉斯堡和贝尔福的阿尔萨斯州全部以及包括梅斯在内的洛林州一部分。另外，赔偿德国六十亿法郎。

这些条件对法国而言太苛刻了。

齐耶以他三寸不烂之舌全力辩驳，强调六十亿法郎的偿金超出了法国人民的负担能力，要求俾斯麦以正义、宽怀之心，放宽条件。

但俾斯麦却不作任何让步。

后来俾斯麦听说有关赔偿金的问题英国有意插手，居中协调，于是俾斯麦以假借普鲁士国王命令为由，将六十亿减为五十亿法郎。

但齐耶仍不答应，他声明二十亿法郎已是法国人民所能负担的极限。他同样坚持己见，不作让步。

俾斯麦忍耐不住了，猛然从椅子上站起，来回踱步，说："我了解，阁下有意重整旗鼓，再启战端。好吧，你进行吧！去请求英国的帮助好了。"

他最后又加上一句："这是最后通牒，我绝不让步！"

齐耶也异常愤怒，他从椅子上跳起大叫道："这完全是敲诈，太卑鄙了！"

俾斯麦听完这句话，以温和的语气用德语说道："什么？我不太懂法语，所以听不懂最后一句话。对于此，我无法以法语回答你，所以我想通过翻译，以后用德语交谈。"

当两人情绪平定下来，重新谈判时，俾斯麦则恢复了使用法语交谈。

齐耶拒绝割让梅斯城和贝尔福炮台，而俾斯麦则坚持割让梅斯和要求赔偿。事实上，在贝尔福几乎没有德国人居住，并且过去它也不属于德国领土，所以俾斯麦认为齐耶的提议不无道理。俾斯麦于是请求威廉皇帝裁决，皇帝也同意让步，决定删除割让贝尔福的条款。法国方面也做了让步，同意德军占领巴黎，和约终于达成。

2月26日，双方在凡尔赛宫签署了和约。事后，齐耶恢复其原来的身份，以历史学家的立场对俾斯麦说："说实在的，是我们帮助了你统一德国。"

俾斯麦回答说："也许是吧。"

这句话含意深远，很可能代表了俾斯麦的心声。 在他看来，如果德军不围攻巴黎，也许统一德国的大业还得拖延；但是如果不激怒法国民族而统一德国，也许对德国的未来更为有益。

5月1日，三千德军进入巴黎城内。

俾斯麦也骑在马上随军进入凯旋门，这时距开战之时恰好七个月。

5月3日，波尔多议会批准了和约，德军立即撤离巴黎，不到一周，俾斯麦便回到了柏林。

5月10日，双方在法兰克福正式签署和平条约。

现在俾斯麦所要做的，是为新诞生的德意志帝国注入一股新生命的活力。

被拿破仑征服、蹂躏的普鲁士是一个古老而衰微的国家。腓特烈大王所建立的世界声誉已被破坏殆尽。 它的领土被夺取，国民意气消沉，为消灭拿破仑而燃起的爱国热情，经由普鲁士王的暴力统治而冷却。 1848年3月的柏林革命，使普鲁士王朝几乎不保，因此在国际上处处受到奥地利的欺凌羞辱以及德国邦联的轻侮，逐渐沦为次等国。

然而在这堆灰烬中，国民的热情再度复燃，这个古老而衰微的小邦，变成了一个新兴的大帝国，使柏林成为全欧洲君主首相集会之所，主宰着全欧政局，这究竟是谁的功劳呢？

这当然是铁血宰相俾斯麦尽其智谋、勇气、努力而得来的。他以短短八年的时间完成了这件惊人的奇迹！难怪全世界都为之刮目相看，并称赞他为"伟大的拿破仑再世"。

现在全欧洲都跪在他的脚下赞美他。 自从拿破仑以来，19世纪的欧洲能登上这种地位的政治家可说是绝无仅有，他如旭日东升一般，以耀眼的光芒，照亮了整个欧洲。

他的智慧与勇气，在当时可谓无人能与之相比。 他本人有这种自信，而全欧洲也都这么认为。 因此，人们又称赞他为

"最伟大的欧洲人"。

各国的元首都争先恐后地来到柏林向威廉老皇帝表示敬意，同时也必定要拜访俾斯麦，以博取他的欢心。因为他不但是强大的德国的领导者，而且善于操纵欧洲各国，凡被他嫉视的国家，都会遭到不利的待遇。

现在俾斯麦的首相地位与其他各国的首相地位完全不同。

他在自己所拟定的德意志宪法中，明确规定首相的地位，除了是内阁之首外，同时也是唯一的国务大臣，其他阁员则不用大臣之名，而以行政长官称之。这一点，与英国宪法中首相的地位迥异，反倒与美国总统的地位类似。这可能是因他受到好友马特利及其他美国友人的影响，早就对美国宪法产生了兴趣，而在起草德国宪法之时，多撷取其精义的结果。

因此，责任重大的行政部门首长仅有首相一人，同时首相不需要对议会负责，只要对国王负责便可。

不过德国首相与美国总统仍有不同之处，因为前者拥有解散议会的权利。英国首相也有此权，不过用于总选举后，如果执政党占少数，首相便有义务提议内阁总辞职。而德国首相与议会中党派势力的优劣无关，可以强制执行其职权，故执政党纵使在总选举时失败，也不必辞职。

另外还有一点与美国总统不同之处，美国总统在四年任期内，若无渎职之罪，就不会被罢免，但是德国首相的任免则由皇帝之意取决。

事实上，俾斯麦与威廉皇帝彼此之间都相互信任，绝对不用担忧会被罢免；加上以他凡事均能按照自己意愿左右皇帝，执行国政，所以掌握了几乎和独裁者相等的权力。

当他初任首相时，一位著名的历史学家曾讽刺他道："俾斯麦先生顶多任期一年。"

没想到他会集诸多权力于一身，统治德国达二十八年之久，并且叱咤全欧政坛。

被威廉一世封为"公爵"

1871年3月21日，在从巴黎返回柏林后的第十二天，俾斯麦跟随威廉皇帝出席德意志帝国议会的首次开会典礼。

威廉大帝封他为公爵，赐他汉堡市附近的一大片庄园，其价值相当于当时普币三百万里拉，另外赐他一座大宅邸和公园，作为首相官邸，这是这位明君对贤相的报答。

曾经的雪思豪森的乡绅，现在是大帝册封的公爵，拥有数百万财富，又是新帝国的独裁首相，俾斯麦的声望遍及全世界。

那么今后他要倾其权力、智慧和声望于何处呢？

一位成功的政治家虽然表面上志得意满，但有时内心却苦闷懊恼。

普、丹战争之后，俾斯麦被封为伯爵，他为将俾斯麦家族由男爵提升为伯爵，并因为能光宗耀祖激动万分。

可是现在当他被封为公爵时，心情是又惊又恐，因为他明白爬得愈高，跌得愈重。

他知道被封为公爵之后，必定会招致嫉妒。所以当他得知皇帝有意封赏自己时，就祈望此事不要成真，并准备当皇帝征询自己的意向时，委婉辞拒。

不料在出席议会开会典礼时，老皇帝却突然称他道："俾斯麦公爵！"

当时在座的皇族都齐声祝贺，这真让他不知所措。

不过一向忠于皇帝的他，除了领受恩赏之外，已别无选择。尽管当时他心中便已预感日后将会产生许多的困难。

他曾对近亲好友说："以普通的收入便可维持伯爵的体面，可是要维持公爵的体面，就必须有相当的财产。"

幸好老皇帝赐给他价值三百万的大庄园,所以维持体面应该不成问题。

但是另外他还有更大的烦恼,那就是同族的嫉妒。

他出身地主贵族的地位相当于男爵,与子爵或再高一级的伯爵都可算是门当户对。然而,一旦成为公爵之后,却相当于一个小邦的元首,一定会招致同族的嫉妒。

俾斯麦深知推动政治的力量不是靠道理,而是靠感情和利害,这一点是直接反映在政治上的。

分析当时的德国政界,可分为四大势力:其一为最右派的保守党,即贵族出身的政党;其二为斐尔科领导的民族自由党,也就是俾斯麦自小就厌恶的自由主义人士;其三为渡索斯特领导的中央党,为日后俾斯麦所要对抗的由罗马教皇指挥下的天主教徒代表者;其四为李卜克内西和倍倍尔领导的社会民主党,不过此党势力较小,信奉马克思的社会主义,属于左派代表。

普、法战争前,中央党尚未出现。社会民主党也只有两名党员,所以俾斯麦只要借保守党的力量与民旋自由党抗衡便可。

可是现在他被封为公爵,便失去了保守党的支持。所以在议会内,不得不提携民旋自由党来设法通过议案。这对他而言,在社交和政治上都是一大打击。

现在来看看当时的贵族阶级对他的攻讦吧。

自1872年起,保守党的机关报就开始诽谤俾斯麦的名誉和人格。例如:

> 俾斯麦还未做宰相之时,就与财阀有密切的关系,如公爵和布莱希礼二人,在公爵尚未有多少产业,而薪水也不多时,就已开始来往,使公爵能在巴黎和法兰克福过着犹如君王般的生活。他们对公爵可能在财务上给予了很大的帮助……大致说来,为了隐瞒与柏林财团间的勾结关系,内阁无所不用其极。

此文影射俾斯麦以出卖政府机密来中饱私囊。

该报又根据李男爵所言，在普、法开战的前日，于外交部遇见布莱希礼的指述，进而诽谤俾斯麦利用开战后股票下跌的情报，来指使布莱希礼卖出股票，以获取暴利。

报上提及的布莱希礼是一位犹太籍的银行家，俾斯麦常借他通过巴黎的罗斯尔柴德家族与拿破仑三世交涉，这是事实。不过报上所说的买卖股票中饱私囊之事，则纯为虚构。

普、法战争后，因为法国赔偿了五十亿法郎，这使德国国内经济出现好转，大多数的德国人都发财了，尤其是上流阶级的贵族，利用股票市场个个成为巨富。可是他们不提自己的卑鄙行径，反而谩骂为德国带来繁荣的俾斯麦。

后来，机关报更加过分地诽谤俾斯麦：

> 如今腐败加剧，我们在暴政下痛苦呻吟；而暴政的别名就是俾斯麦！

事实上这已构成了损害名誉之罪，所以，撰写这段文字的记者，为逃避俾斯麦的控诉，跑到了国外，继续在瑞士对俾斯麦进行诽谤。

不过，俾斯麦也多少得为这些诽谤事实负责。

事实上，他的确在执政的二十八年之间成为巨富。不过这并非得自不法手段，而是他善于经营，委托当时商界第一流人物——犹太人布莱希礼接掌其财务所致。尽管从未向这位犹太人泄露半点国家机密，但仍难免遭人非议。

1877年以后，俾斯麦卖掉了所有的公债和股票，因为他认为若要在外交上与欧洲各国打交道，必须拥有对方的有价证券。

前面所提的保守党机关报对他的恶意中伤，令他极为愤慨。他在议席上公开斥责："为了阻止这些无中生有的攻击者，我们应该停止购买该报。如果有人要看报，必定是那些一派胡言者的共犯。"

不料贵族中的四十六位名门及数百位牧师竟联名请求奖赏该报，并公开声明他们是该报的忠实读者。在那份联名名单中，竟然发现有一些是他从前亲密交往的好友。由此可见贵族们都视他为眼中钉。

后来这些贵族连俾斯麦所提出的天主教法案，也都投反对票以排挤他。

最后甚至连他妻子的亲戚们都与他作对。

这时他的心情就如众叛亲离的恺撒一般，连他最好的朋友都与他为敌，身边几乎无一人值得信任。

欧洲第一巨人俾斯麦竟然在他的祖国四面受敌。他被同族的贵族遗弃，被自由主义者和天主教徒憎恶，也不受社会主义者的欢迎。

但俾斯麦在处理人际关系上自有他独特的办法。

他曾在普、奥之战过后不久，向议员发出如下的请帖：

从 4 月 24 日以后，每周六、日下午九点以后，俾斯麦公爵都在官邸候教，欢迎阁下来访。

当时很多议员都为他的举动大吃一惊。

这次他从巴黎回来后，又重施故伎。许多议员在接到他的请帖后惊讶不已，俾斯麦现在是公爵身份，参加他的宴会必须身穿燕尾礼服，这是让人多受不了的事啊！

后来议员们得知去参加公爵的邀请不必穿燕尾礼服，只要穿日常服装就可以时，又都吃了一惊。

参与首相官邸宴请的人逐渐多了起来，这也许是因首相官邸豪华、坐椅舒适、美味佳肴及无限制供应各国名酒吧，但最吸引人的还是主人那殷勤好客的态度。

俾斯麦是一位很难侍候的客人，但却是一位少见的爽朗主人。所以在每周六、日的宴请席中，彼此不分敌我，相谈融洽，宾主尽欢，这对他推行他的政策大有裨益。

圆滑的外交策略

在举国上下欢呼迎接凯旋的俾斯麦时，他却一到柏林就拍电报给法国外相法布尔：

> 根据我国在法国驻军司令官的报告，贵国士兵侵入我国占领的巴黎郊区。本人郑重声明，如果贵国士兵在今夜 12 点前不撤离，我军将展开攻击。

接到电报的法国外相法布尔为此惊惶失措。

他先回电报请求俾斯麦谅解，而后冒着大雨连夜调查，将误入德国占领区的法军撤离，终于得以安然无事。

从这里，不难看出俾斯麦对法国政策的大概。

三战三胜的俾斯麦，为了要维护此辉煌成果而费尽心思。其方法有二：一为消灭法国，一为孤立法国。

究竟采用哪种方法，将视政局演变而定，不过德国必须随机应变。要消灭法国，必须在其尚未备战之时进攻；要孤立法国，就必须诱使欧洲列国与德国缔结同盟条约。

根据以上两点，俾斯麦开始推进他的外交政策。

他回柏林之后，立即拍电报给法布尔，其目的显然是恫吓巴黎政府，同时静观法国的行动；若稍有差池，便可借机出兵，难怪法布尔会为此无由的来电而惊惶失措。

可是当普、法两国在法兰克福签订和约之后，不出数日，巴黎突然爆发了无产阶级革命。1871 年 3 月 18 日，巴黎的工人阶级举行了武装起义，成立了巴黎公社。曾被德军炮火击毁的巴黎再度陷入了战乱与流血的局势之中。

不过，让世人深觉意外的是法国人民的潜力，他们虽然遭受了战败和流血革命，但很快地就从废墟中站起。

巴黎公社武装起义

新成立的法国共和政府基础稳固，在改善内政之余，全力筹措赔偿金。因为在赔偿金未偿付之前，五十万德国大军会继续驻留在巴黎郊外，法国人民希望能早日赶走德军，因此都勤勉、节俭地努力工作，终于在两年半内偿清了五十亿法郎的巨额赔款。

同时，俾斯麦为了缓和法国人民的屈辱、怨恨之情，放宽了条件，减轻了法国人民的负担。因为这时他发现不可能消灭法国，只有减少他们对德国的反感，才能避免日后的复仇战事。

俾斯麦想："不能让法国走投无路而成为受伤的狮子，但也不能让它过于强大。"

出于以上考虑，俾斯麦认为法国还是维持共和政府最适当。因为立宪共和政体不会像帝政专制政体般强大。另外他也考虑到欧洲下层阶级所酝酿的无产阶级革命力量。例如巴黎这次所爆发的革命提醒了一点，那就是欧洲各国随时都可能爆发类似的革命，而最危险的地方仍是巴黎，所以他要让巴黎继续保持激进主义的政府来防止共产主义革命的危险。

“欧洲和平”的口号已成为俾斯麦外交上的基本政策。 在此又可看出这位注重实际的政治家颇具卓见。

他曾主张以铁血统一德国，然后率领普军东征西讨，令欧洲人人自危。 但战争不是他的目的，对他而言，战争只是一种外交工具而已，而最后的目的则是促使德国的统一繁荣，他深知一个民族的繁荣必须建立在和平之上。

进入政治生涯晚期的俾斯麦，所要维护的就是欧洲的和平外交政策。

俾斯麦既然以和平为目标，就须尽全力来解除战争的威胁。

除了法国之外，奥地利也可能对德国采取报复手段。 1866年普、奥战争奥国大败，奥地利人民心中留下了不可磨灭的怨恨，随时都在伺机报复。 普、法之战终于为他们带来了机会，当普军渡过莱茵河攻打法国时，奥地利若自侧面偷袭，则击败普鲁士乃易如反掌之事。 当时奥地利首相是生于萨克森的德国人布斯特，他曾代表奥地利常驻法兰克福德国邦联会议与俾斯麦对抗，为奥地利谋取利益。 后在萨尔多瓦一役，奥军大败，与德议和后不久，他便担任奥地利的外相，逐渐升为首相，努力整顿内政，着手战备。 因此普、法战争爆发时，他曾有意攻打柏林。

可是，他没料到俄国竟然从中阻拦。 如果奥地利偷袭普军侧翼，则俄军便乘虚攻打奥地利背后，事态将变得更加复杂。因此布斯特不得不再作考虑，最后只有坐失良机，而宣布保持中立。

由此可以看出，俾斯麦的智谋较布斯特略胜一筹。 萨尔多瓦战役后，俾斯麦以宽大的条件与奥议和。 但他明白外交之事绝不可能靠他国的好意解决，所以他开始准备应付奥地利的变故，方法就是与俄联盟。

如今战胜法国凯旋柏林的俾斯麦，其威望如日中天。 而首先承认新兴德国并表示支持的就是俄国皇帝亚历山大二世。

俾斯麦

1871 年 7 月，俄国沙皇率首相戈尔恰科夫来到柏林访问，向他的舅父威廉皇帝表示敬意。欧洲第一大国的君主亲自到柏林访问，使德国人民倍感光荣。

此端一开，各国君主争先恐后地前往柏林访问。从此欧洲政治的中心，从巴黎、伦敦渐移至柏林。

德、俄两国皇帝乘着马车在柏林郊外阅兵，然后在宫殿内举行晚宴。两国首相——俾斯麦与高柴可夫，也不断地商谈政情。

全欧洲的人们都在关注此事。这两大强国究竟在策划什么呢？如果他们二者联合，其他欧洲各国根本无法与之相抗。

其中最为苦恼的是奥地利，奥国深知自己绝对无法独力对抗这两个大国。

此时，布斯特不得不放弃反德政策，转而计划与俾斯麦联合。

俄国沙皇亚历山大二世访问德国后两个月，即 1871 年 9 月，奥地利皇帝弗朗西斯·约瑟夫率首相布斯特到达奥国边境的萨奥斯堡温泉胜地，迎接德皇威廉一世和俾斯麦。

俄国亚历山大二世

这是划时代的大事。自 1866 年奥国战败蒙受屈辱以来，奥国首次改变态度将旧时恩怨一笔勾销，从排德变成亲德。而且这次的德、奥联手也是后来 1914 年第一次世界大战的起因。

俾斯麦在外交上又取得一次伟大的胜利。

当时的一位德国记者曾这样写道：

德意志帝国在防御性的战事中日益强大，他国无法

俾斯麦
Bisimai

干涉。我们不威胁任何国家，更不强迫任何国家臣服于我国。我们只是实实在在地存在，犹如站立在地球的中心，地上的万物全都倒向我们。

这段文字虽然太过夸耀，不过至少可以想象当时的德国人是何等地志得意满！

在德国人眼里，这个曾经是欧洲乡下之地的柏林，如今已成为全世界的中心。

德、俄友好，加上德、奥亲善，俾斯麦的外交政策正一步步地朝着最后的目标迈进。

不过俾斯麦并不简单地认为布斯特态度的改变就代表了两国间百年的怨恨从此一扫而空。他认为若要加强两国的关系，必须更换奥相。

1871年11月8日，布斯特被免除首相兼外相之职，而派任为驻英大使，继任者为匈牙利政治家安德若西，这当然是俾斯麦安排、策划的结果。

关于这位新任的奥地利首相，俾斯麦曾对人说道：

"奥地利政治家们的言论对我来说正如过耳东风，不值一闻，但是唯有安德若西例外。"

后来安德若西能在柏林议会中立功，也是俾斯麦一手安排的结果。

12月，俾斯麦建议威廉皇帝派遣王子访问俄国，作为对俄国皇帝访德的答礼。

王子率领的毛奇等陆军将官一行人在俄国受到了热烈的欢迎。俄国沙皇举行国宴，声明两国的友好是欧洲和平的最大保障。

俄国沙皇的这项声明，对法国和奥地利影响很大。奥地利对此最为震惊，因为这项声明无疑表明了两国的军事同盟。而他们的敌人岂不就是指的奥地利吗？奥地利国内大为惶恐。奥地利方面想："倒不如趁此机会与他们缔结同盟才是上策。"

结果，德、奥、俄三国在柏林订立三国同盟。

俄帝率领皇太子和首相来到柏林的第二天，奥帝也率新首相安德若西来到了柏林。

柏林全市为之骚动。

三大国的皇帝聚于一处，大摆宴席，巡行阅兵，举办舞会、音乐会，在向环视的欧洲各国表示三国亲睦的同时，三国首相也经常在德国首相官邸磋商政事。

全世界都为此震惊了。

伦敦、巴黎、罗马、马德里，都在屏息静观柏林的变化。大家都因猜不到俾斯麦的真实想法而深感惶惑。

如今的俾斯麦好像雕刻家般，调好石膏，正准备随心所欲地塑出一个新的欧洲形貌。

他的目标究竟是什么？

"和平！"

为了维护和平，最重要的就是让法国无法掀起报复之战；同时，必须将有可能帮助法国的国家一一拉拢，成为德国的同盟国。

这其间又发生了一件震惊全欧洲的大事，即意大利国王访问柏林。

普、奥战争时，意大利曾是普鲁士的同盟国，可是在普、法战争时，两国的关系冷淡了不少。后来意大利逐渐发现德、意两国利害一致。其一是有关天主教的问题。在意大利王国内，罗马教皇享有治外法权，这令意大利政府极为不安。因此意大利政

意大利国王维托里奥·伊曼纽二世

府与梵蒂冈之间不断发生冲突纠纷。而俾斯麦也体会到罗马教皇和德国间的利害冲突，故实施排除天主教政策。这使得德、

意两国的关系拉近了。

而另一个共同的利害关系是法国。 意大利一向害怕法国的强大，尤其担心波旁王朝复辟。

1873 年 9 月，意大利国王伊曼纽率首相和外相访问柏林，受到热烈的欢迎；而 1875 年秋，威廉皇帝也亲往米兰会见意大利国王。

俄、奥、意三国如今都操纵在俾斯麦的手中，包围法国的政策已将近完成。

法国究竟该如何应付呢？

1875 年春天，法国发现复仇的机会终于来临。 因为法国认为奥地利与德国脱离后，可以和意大利与法国联盟，然后三国联手击败德国的时机就不远了。

事实经过如下：

1873 年秋，法国偿清赔款之后，德军必须全数撤离，而在此之前的 5 月，齐耶内阁已经垮台，由麦克马洪元帅继任法国总统。

这位麦克马洪元帅是色当战役中的败将，不过他在法国国内是一位名声赫赫的将领，他在克里米亚一役中骁勇善战，在北部意大利与奥地利作战时也屡建奇功，被拿破仑三世封为公爵。

他就任法国总统之后，首先向议会提出将总统任期由三年延

法国第三共和国总统麦克马洪

长为七年的议案，然后又提出陆军改革方案，二者均顺利通过。这让德国大感不安，德国人认为麦克马洪元帅正全力准备着复仇的战争。

而在此时火上加油的是宗教问题。 欧洲最大的政治问题是

天主教徒必须绝对服从罗马教廷。 这点与各国的内政相抵触，因此，时常引起政治上、外交上的纠纷。 现在法国也正在煽动天主教徒闹事。

法国是天主教国，而德国人民大多信仰新教，其他如奥地利、意大利、西班牙等国人民都大多数以天主教为信仰。 因此法国旧教徒的偏激分子便以教会名义攻击德国，而各地的天主教也激烈地排斥德国，这使俾斯麦极为愤怒。 再加上奥地利与意大利两国有意脱离德国而欲与法国同盟，使得法国天主教徒大为兴奋，四处宣传天主教国家将以联合势力击败德国。

俾斯麦的政策在于谋取和平，但假若和平不可得，他也准备随时攻打法国。 现在他眼见法国蓄意挑拨，心中怒意几乎按捺不住，德国的精兵强将准备随时渡过莱茵河攻打巴黎。

英国对此形势深感震惊，努力想出各种办法加以阻止；而法国也同样感到惶恐，因为他们还没有作战的准备。

在这种情势下，俄国首相戈尔恰科夫有意出面调停。 戈尔恰科夫一向妒忌俾斯麦在欧洲的声望，而现在正是表现自己的一个大好机会。

所以他答应法国大使的要求说："最近我要伴随皇帝去德国温泉度假。 途经柏林时，我会转达你的意见给俾斯麦。"

1875 年的 5 月 10 日，戈尔恰科夫与俄国沙皇一起抵达柏林，当问明已无开战的危险之后，便以俄帝的名义发表和平声明，同时戈尔恰科夫也电告各国大使：

> 皇帝在确定柏林有维持和平的诚意，并获得保证之后，将要离开此地。

笼罩全欧洲头上的战云因此顿时散尽。

俄相戈尔恰科夫成为和平使者，得到全欧洲的感谢。 他得意洋洋地去温泉胜地度假了。

可是他绝未料到这步棋将会成为日后在柏林会议中的绊脚

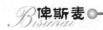

石，并因此而垮台。

当时俾斯麦心想：

"戈尔恰科夫这个家伙，为了满足自己的虚荣心，竟然无中生有地捏造德、法战事，然后自己出面协调。 好像由他独力压抑德国出兵，消弭一场战祸似的大邀其功。"

"好，等着瞧吧！总有你好受的！"

政治决定人心的向背，小小的虚荣心、憎恨感及竞争欲，往往会导致数十万青年的流血身亡，消耗数亿的军费。 如何顺应人心，防范战祸于未然，才是政治家该做的事。 俄相戈尔恰科夫求取这一时的虚荣，却在三年之后的柏林会议中付出了重大代价。

柏林会议

1878 年 6 月 13 日，在柏林召开的柏林会议与德意志帝国的诞生，同为俾斯麦一生中的外交盛举。

这是自拿破仑战败，1815 年的维也纳会议以来的第一次世界性会议。 当年出席维也纳会议的小小德国，如今已经成为一方之雄。 而这次会议的地点就在其首都柏林，会议主席是其首相俾斯麦，难怪德国上下都为此欣喜若狂。

会议的起因是俄国与土耳其的战争，作为北方大国的俄国一直希望在南方拥有一个不冻港。

俄国在南方有四条出路。

第一是巴尔干半岛，先占领君士坦丁堡，然后进入地中海。不过如果俄国占领巴尔干半岛将严重威胁奥地利的安全，同时若俄国进入地中海，也会妨碍英国本土和印度间的交通，所以英、奥两国全力从中阻碍。

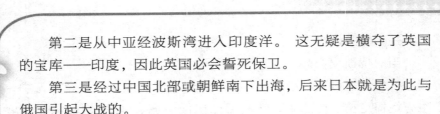

第二是从中亚经波斯湾进入印度洋。 这无疑是横夺了英国的宝库——印度，因此英国必会誓死保卫。

第三是经过中国北部或朝鲜南下出海，后来日本就是为此与俄国引起大战的。

第四是从中亚穿过中国的新疆、四川，至广东出海。 俄国间谍曾在中国的华南地区活动。

1877 年 4 月，俄国以虐杀保加利亚人为由，对土耳其宣战。翌年三月，土耳其战败投降，双方订立条约。

当时，英国内阁为狄斯雷利领导的保守党，外交政策较为强硬。 狄斯雷利将英国舰队集中于博斯普鲁斯海峡，同时把印度兵团调至马尔他岛，并在议会通过两千万英镑的军事用款，英国国民也在街道上示威游行。

当时全世界关注的焦点就是俾斯麦，因为欧洲强国中只有德国与巴尔干半岛的利害关系最少。 同时，德国的首相又是欧洲第一位大英雄，要和要战，就要看俾斯麦如何决定的了。

柏林会议各国首相总理群集，中间握手者为俾斯麦

2 月 19 日，俾斯麦在德国议会发表演说，为了欧洲和平，他将挺身而出，准备担任英、俄两国纠纷的调解人。

俾斯麦曾认为英、俄之间根本不至于发生冲突，他曾对身边的人说："鲸鱼和大象是怎么也打不起来的。"

"英国是世界第一海上强国，俄国为世界第一陆上强国。虽然两者都很强大，但一在海上，一在陆上，根本无法一决高下。"

俾斯麦出面调停，对英、俄而言是求之不得的事。

6月3日，俾斯麦正式发出邀请函，13日，各国代表齐聚于柏林。

当时俾斯麦已经是七十三岁高龄。

他的官邸大厅中聚集了七大国的二十位代表。首先他以法语宣布开会，他那魁伟的身躯和洪亮的声音，压倒了全场的人士。

在俾斯麦致词之后，他右方第六位的瘦小老人站了起来，脸色略显苍白，相貌略似东方人，黑眸、黑发、多须，这一切都和俾斯麦不同。

这位老人开始低声说话，听众们都专注倾听，不过虽然听到了声音，却听不懂内容。失望之余，众人开始窃窃私语，只有俾斯麦不时地点头表示赞许之意。

这位老人究竟是谁？他是用哪一国的语言发言？大家都猜不出来。

其实这位老人就是鼎鼎大名的英国首相狄斯雷利，他是用英语演说。那个时代的国际会议都规定使用法语，狄斯雷利竟敢漠视规定而用英语演说，而且声音微小，难道这就是英国第一雄辩家的演说吗？

各国代表们交头接耳，因为他们都不认识狄斯雷利。

原来，这是狄斯雷利的一种战术，他有意在俾斯麦的演说之后，故意用小声而无表情的态度演讲，当他发现众人皆不知其所云时，不禁心中窃笑。没有任何人知道这是他故意装出来的，也许只有俾斯麦早已看穿。

关于狄斯雷利，还有一段轶闻。

当狄斯雷利在会议前夜匆匆来到柏林时，全世界都以好奇的眼光注意着他，不知他将有何表现？因为他是除俾斯麦之外，这次会议的最主要人物。

当晚，他住进了英国大使馆。

半夜，他的随员都结伴冲至英国驻德大使的房间，紧张地报告说："大使，事情糟了！"

"怎么回事？你们怎么这么慌张？"

"大使，您不知道，事情是这样的。我们的上司说，明天他准备用法语演说。您知道，他的法语发音实在是让人不敢恭维。若真用法语演说，必会大出洋相，您还是去劝劝他吧。"

因此，英国大使不得不立即拜访狄斯雷利，当英国大使进入狄斯雷利的寝室时，狄斯雷利已换上睡衣准备就寝，英国大使说："抱歉，这么晚还来打扰您！我听说阁下明日要用法语演说，是吗？当然，阁下的法语相当流利，不过在这种场合，说法语并不稀罕。相反地，能用英语演说的人，除阁下之外，不会再有第二个。同时，这次前来的各国代表都希望能听到您精彩的英语演说呢！"

狄斯雷利听完这段话后，摘下眼镜，注视了他一会儿后说："让我考虑考虑。"

就这样，狄斯雷利才在第二天改用英语演说。不过，英国大使始终无法确定首相狄斯雷利是不是因为听取了他的劝告而改用英语演说。

在狄斯雷利之后发表演说的，是比英国首相和德国首相都要年长，且瘦骨嶙峋的俄国首相戈尔恰科夫。他脸色光润，挂着一根拐杖，以流畅的法语进行演说。

坐在主席台上的俾斯麦，正低着头似乎在专心听这位老者的演说。他手中拿着一支铅笔，不停地在纸上画着，他的秘书偷偷地走到他身后察看，发现他用德文写了一大堆的"过分，过分，过分……"

第一天的议程结束后，第二天进行讨论。俾斯麦担任议事的裁决工作。 会议进行得极为顺利，过去维也纳会议花了半年的时间，而这次的柏林会议仅用时一个月，这全归功于俾斯麦。会议自 6 月 13 日起召开，至 7 月 13 日结束。

其中最大的问题是俄国和土耳其所缔结的条约应如何处理，而保加利亚等地的归属问题则是关键。

关于保加利亚问题，英、俄两国都极为坚持，互不相让。英国首相甚至在参加会议之前已完成一切的战事准备，并命令他的秘书准备好专用火车，以便随时离开柏林。

俾斯麦闻讯立即赶到旅馆拜访狄斯雷利，提出各种妥协方案。 但是狄斯雷利表示已在伦敦与俄使详细谈过，所以绝不让步。

俾斯麦问他："那么，这是你的最后通牒吗？"

狄斯雷利明确地回答道："是的！"

最后俾斯麦说："我现在要去王子处，今晚你能否到舍下用晚餐？"

当晚狄斯雷利辞去英国大使的款宴，来到俾斯麦官邸。

他们两人边吃边喝，相谈甚欢。 最后，俾斯麦终于认定，英国首相的最后通牒绝非虚张声势。

第三天，英国首相电告维多利亚女王："俄国终于屈服，承认英国对土耳其帝国的欧洲国境有军事、政治的支配权。"

英国女王立即回电嘉勉狄斯雷利。

狄斯雷利回国后，英国国民热烈欢迎了他，并举行了盛大的庆祝游行。

柏林会议的成功并不是毫

英国维多利亚女王

俾斯麦
Bisimai

无代价的。

俄相戈尔恰科夫悻悻而返，而俄国沙皇也认为德国背叛了俄国，竟然不顾普奥、普法战争时俄国给予的支援恩惠，反而处处与俄为难。 于是俄国国内的反德分子趁机煽动，欧洲外交界也谣传德、俄即将开战。 如果真是这样的话，法国必会对德宣战，而德国难免会两面受敌。

此时俾斯麦又再度展露了他一流的外交手腕。

1879 年 9 月底，俾斯麦突然出现在维也纳，仅停留四天后便离去，而他口袋中已有了一份德、奥军事同盟条约。 条约中约定，如果德、奥两国有任何一国遭到俄国攻击，另一国必须全力以助。 这并非攻守同盟，而是单纯的防御同盟。 但是有了这个条约，德国安心了不少。

这是俾斯麦外交策略上的一大成功，因为这个条约的重要性不在于奥地利答应军事援助德国，关键是奥地利已不再记恨萨多瓦战败之耻。

为了征求亲俄主义的威廉一世同意与奥结盟，俾斯麦费尽了口舌，最后还是以提出辞呈才勉强获得皇帝的许可。

俄国曾向法国建议两国订立攻守同盟条约，但遭到法国的拒绝，所以在欧洲一直孤立无援。 1881 年 3 月，俄国沙皇亚历山大二世遭人暗杀，俾斯麦立即提议各国订立政治犯引渡协定，此举使俄国政府深受感动，因而改变了与德国的对峙状态。 同年秋，两国皇帝和首相再度会见于但泽。 虽然政治犯引渡协定未获各国支持，仅是德、俄两国签署成立，不过此事却对德、俄两国的关系有着很大的帮助。

另外，俾斯麦又暗中扶植土耳其的新势力。 在柏林会议中，他极力保全土耳其的欧洲领土，令土耳其国王大为感激，尤其在欧洲列强中，唯独德国对土耳其没有直接的利害关系。 因此土耳其国王聘请德国的文武官员负责该国军事、行政、财务等各方面的内政改革之事。 同时前往德国留学的土耳其青年也逐年增加。 可惜俾斯麦死后，德国政治家无法善用他所扶植的土耳其势力，反而滥加破坏，最终造成德国的孤立，这成为后来欧洲第一次大战的导火线。

俾斯麦有先见之明，他不以孤立法国为满足，同时想到应让法国有所发展，因此建议法国向外获取殖民地。

柏林会议时，法国全权大使曾对俾斯麦开玩笑说，其他各国都获得土地，唯独法国未得到任何的好处。

俾斯麦当场答道："那么你认为突尼斯一地如何呢？那块土地谁也不会去干扰。"

后来，法国侵占土耳其领地突尼斯时，俾斯麦毫不拦阻。因为他想让法国人的注意力转向非洲大陆，以缓解阿尔萨斯及洛林的胶着情势。法国果然以全副精力致力于海外拓展，使其国内的反德思想逐渐缓和。

俾斯麦的外交手法不仅是一石二鸟，有时甚至一石三鸟。他将突尼斯默许给法国，博得他们的欢心，同时则使一向垂涎突尼斯的意大利掀起反法运动。过去意大利的第一敌人是奥地利，第二敌人是法国，后因拿破仑三世援助意大利，使法、意两国关系得到改善。而如今，俾斯麦又用计使意大利和法国反目。

1881 年，意大利国王伊曼钮访问维也纳，这表示奥地利与意大利两国间多年的仇视已消，同时也是意大利转而亲德的表现。果然，在 1882 年，意大利加入了德、奥同盟，成立了三国同盟。

这个三国同盟从成立直到第一次世界大战之前的三十年间，一直是欧洲外交的中心，维持着欧洲的和平。

此外，俾斯麦的视线又注意到了西班牙。

当时西班牙正陷于内战，在一次小战斗中，反政府军俘虏了西班牙政府军的一支分队，其中有一位德国人，他是以战地记者的身份随军作战，反政府军竟然误认他是密探而将其枪毙。

这件事如果发生在十几年前，德国也只好认了，可是现在不同，俾斯麦绝不会放弃这个机会。他马上派遣军舰，封锁了反正府军占领的港口，使其无法从国外获得粮食，并且警告法国不可再帮助西班牙反政府军，进而通知欧洲各国承认马德里的西班牙政府。 除了俄国之外，其他各国都赞成俾斯麦的主张，所以西班牙内战很快就被平息，西班牙政府也因感谢俾斯麦的相助而实行亲德政策。

俾斯麦包围法国的政策在逐步完成。 而此时，突然掀起的风暴是俄国沙皇与英国首相格莱斯顿在哥本哈根的会面。 两国多年的对峙居然化解，如果这不是因为反德政策的共识，又是什么呢？因此德国上下惊惶不已。

不过俾斯麦却冷静地告诉德国国民说："不要担心，格莱斯顿是个头脑冷静的人，虽然处于'哈姆雷特'的鬼魅城堡中，但我相信他还不至于迷失自己。"

俾斯麦的意思是指当时哥本哈根郊外，有一座传说是哈姆雷特看见他亡父幽灵的城堡，而俾斯麦则是在比喻英国首相大概不会像哈姆雷特般失去理智。

自从俄国首相戈尔恰科夫去世后，新首相采取的是亲德政策。 在1884年秋天，与俄、德、奥三国皇帝会面于波兰，使一度战云密布的欧洲又恢复了和平。

和平之风不仅吹拂了德国东部，同时在德国西部的莱茵河畔也徐徐吹起。 这就是德法两国缔结的新同盟协定。

俾斯麦的和平政策终于攻占了最危险的巴黎，一向彼此仇视的两国即将要缔结和平盟约。

自普法战争结束以来的六十年内，仅发生过一次俄国与土耳其的战争，此外欧洲一直未发生战祸。

这主要归功于俾斯麦和平外交的成功！

不过在1887年春，德法之间有过开战的危机。 那是因为德国的士兵在边界附近以军事侦探的罪名逮捕了一位法国士官，俾斯麦得知后马上向法国道歉并给予相应地赔偿金，才缓和了法国人的愤怒。

同年，俄国又突然反德，俄国上下对俾斯麦的权谋诈术深恶

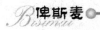

痛绝，指责他欺骗了俄国沙皇。 这件事令俾斯麦百思不得其解。

1887 年秋，俄国皇帝访问丹麦后返国，途经柏林时，俾斯麦获得觐见的机会。 他终于从俄国沙皇口中得知原因所在，原来俄国人以为俾斯麦表面上声明援俄，但暗中却唆使保加利亚背叛俄国。

俾斯麦立即表示否认，并认为一定有人在从中挑拨。 俄国沙皇相信了俾斯麦，前嫌尽释，两人相谈甚欢。

果然在数周后，误会都获澄清。 原来是法国王室的一支，利用与保加利亚国王的亲戚关系伪造文书，欺骗俄国沙皇，企图煽动德、俄两国开战，而后借机恢复其王室的势力。

阴谋被公开后，全欧哗然。 这也提醒了俾斯麦，其和平政策的前途是如何困难。 因此，俾斯麦认为除了德、奥、意三国同盟之外，还得让俄国加入。 他安排德、俄、奥三国皇帝会晤，缔结了秘密条约，成功地隔断了俄法的关系。

这时，威廉老皇帝的健康状况一日不如一日，俾斯麦希望在老皇帝去世之前，稳固德、俄的外交关系，以报答皇帝的知遇之恩。

改善与天主教的关系

前面介绍的是欧洲巨人俾斯麦在外交上的伟大事迹，那么身为一流外交家的俾斯麦，在内政方面是否也同样成功呢？当他从巴黎回来时，国内等待他处理的内政问题已堆积如山。

在众多内政问题之中，必须尽快解决的大问题就是宗教问题，也就是天主教问题，这是两千年来欧洲一直存在的问题，很多国王和政治家都曾因此而遭受挫折。 梵蒂冈的教皇是宗教上的最高领导者，同时也拥有政治上的权力，所以很容易和各国君主的政权发生冲突。 欧洲的大政治家，常因在国内权力的强大，而增加了与教皇发生冲突的机会。

现在，这一危机也降临到普鲁士独裁者俾斯麦的头上。1870年7月，当俾斯麦将要和法国开战时，教皇公布了一项"绝无错误主义"，即"教皇的一切行动都依据神的意旨而做，所以绝不会有错"。 这一宣告给了俾斯麦很大的打击，如果承认教皇所做的一切都是正确的，那么将来政权和宗教权发生冲突时，占德国人口三分之一的天主教徒，恐怕会服从教皇的命令而不服从普鲁士国王的命令。 这是一件极矛盾而危险的事情，因此俾斯麦决定攻克这个难关。

不知是故意还是偶然，法国竟然在这"绝无错误主义"宣告后的第二天向普鲁士宣战。 而在普、法战争时普鲁士国内成立的中央党，则是以温索斯特为中心所组成的天主教政党，而且在第一次总选举中，就获得了五十七个议席的多数，成立了一个反俾斯麦的强大权力集团。 同时新政党又和俾斯麦最讨厌的社会民主党互相联合。 这种种因素使得俾斯麦决心排除教皇势力，并计划趁中央党尚未强大前将它连根拔起。

所以普、法战争一结束，他就马上采取行动，制定了各种法律，以驱除国内天主教势力，最后终于和教皇发生了正面冲突。俾斯麦的镇压天主教之举，引起了议会激烈的讨论，而俾斯麦正面的敌人则是温索斯特。 这位个子瘦小的政党领袖，以尖锐的言词和俾斯麦周旋。 此时，向俾斯麦伸出援手的是自由三义者斐尔科，科学家出身的他，是基于宗教和政治应该分立的科学立场来帮助俾斯麦。 因此引起宗教和科学、政治和教堂的双重斗争，这不仅是德国的国难，而且也波及全欧洲。

早在普、奥战争以及普、法战争时，俾斯麦就感到了天主教的威胁。 因为奥、法两国的皇室都是天主教徒，所以教皇必会同情这两国而反对普鲁士。 尤其是法国政府选定教皇公布"绝无错误主义"的第二天就向德国宣战的事实，使他倍感必须趁早消灭祸根。 因此他便发布了有名的《五月法》，开始迫害天主教徒，放逐神父，并禁止天主教教义在德国国内传播。 这样一来，占德国人口三分之一的天主教徒，没有了神父，失去了精神依托。 同时，俾斯麦拒绝接见教皇所派来的大使，教皇便公开宣布俾斯麦的罪行，双方的冲突日益严重。

事态的发展，使得全欧洲大为震动，尤其是当一位年轻的天主教徒企图暗杀俾斯麦时，全欧洲更是动荡不安。 大家都以为震撼中世纪欧洲的宗教战争，将在德国国内重演。 全世界的人都睁大眼睛注视着俾斯麦和教皇的斗争。

1878 年，教皇九世去世。 十三世被选为教皇，自此以后，情势大变，因为新教皇认为如此斗争下去，对双方都不利，所以就逐渐缓和其对德国的政策。 而俾斯麦也逐渐缓和了对国内天主教徒的迫害，他还派遣王子访问西班牙，顺便到罗马访问教皇。 当时教皇还索取了俾斯麦的照片，而俾斯麦为了报答教皇的诚意，曾经敦请教皇评判有关卡罗林群岛的归属问题，并调解德国和西班牙两国之间的纠纷。 如此一来，俾斯麦和教皇之间的关系得到了改善。 而国内的中央党也愿意以它四分之一议席的势力来支持俾斯麦的政策，于是国内外又是一片和谐。

俾斯麦勇于退让的做法，正显示出他是一位具有过人才能的政治家。 因为战争中最困难的不是进击，而是撤退。 作为政治家，最困难的并不在于斗争，而是保持社会的和谐。

稳定德意志帝国的统治

威廉一世凯旋回到柏林的第二天，巴黎发生了工人武装起义。 当时是 1871 年 3 月 18 日。

巴黎公社革命引发了欧洲各地社会主义者的示威，而德国国内也有民众的大规模示威运动。

俾斯麦

作为专制政权的维护者、统治者的俾斯麦看到这种情形，几乎彻夜无法入睡。虽然巴黎公社革命不久就被镇压，可是这一次革命却留下了影响。俾斯麦也知道这次的无产阶级的革命运动，不久将会变为全欧洲的大运动，所以他决心抛弃社会主义思想而镇压社会主义运动。

他马上向议会提出治安维持法，但却被议会否决。

两个月后，有一位青年想暗杀威廉国王，但并未成功。俾斯麦接到这个消息后，认为"这是个大好时机"。

俾斯麦七十一岁时，徜徉于森林中

他下令立刻制订新治安维持法，并在十天之后向议会提出。他希望趁着暗杀事件所造成的国民义愤尚未平息时，顺利通过议会这一关，但是再度遭到议会的否决。

三个星期之后，刺客再度暗杀皇帝，而这一次皇帝受了重伤。俾斯麦接到电报时，正带着爱犬在腓特烈大庄园的林间小道上散步，他立刻离开公园踏上归途回到了柏林。这次枪击对老国王的生命是一大威胁，而身为政治家的他，发觉这第二次的谋杀事件倒是让议会通过治安维持法的最好机会，所以又开始积极进行他的计划。

暗杀国王事件后的第九天，议会被解散，又经过两三周，俾斯麦终于在议会获得了绝大多数的赞成票，而八十多岁高龄的老皇帝也奇迹般地康复了。这使全德国国民欢欣不已，他们都认为老皇帝得到了上帝的恩宠，并且是位难得的明君。

俾斯麦时而利用保守党，时而利用中央党，向新议会提出严峻苛刻的治安维持法。最后，治安维持法终于获得通过。这项法令严格地压迫民权自由，它赋予宪警取缔一切影响公共安全的事物的权力，因此，社会主义者的一切言论自由都被剥夺。

依据这项新法令，俾斯麦展开了全国性的大镇压行动。 四周之后，他在柏林近郊发布戒严令，将六十七位社会主义者逐出柏林。 此后六个月的时间里，遭到取缔、禁止出售的书籍，多达六百种以上，因此而失业的人多达数千人。

有人批评说："这是近代德国历史上最悲惨的事情。"

莱伯克尼科特在议会的讲台上大声疾呼："散播这些种子的人，不久将会自食其果。 我们一定会获得最后的胜利。"

俾斯麦根本不理会这一切的警告和反对，他把镇压社会主义的措施，视为内政方面的根本政策之一而彻底执行，使得德国的社会主义者转入地下，结成秘密组织。

普、法战争之后，普鲁士因为从法国获得五十亿法郎的赔偿金，国内的经济情形空前繁荣，事业发展、贸易振兴、股票上涨，结果使得掌握实权的一部分权贵禁不起诱惑，利用职权来求取财富。 然而俾斯麦对这一点特别小心，他曾经遭受反对者的诽谤，所以他警告官员们不要贪污，而对待犯了贪污罪的人，则一律严办。 他是以肃清政风、维持纪律来争取国民对政府的信任。

俾斯麦还努力维持军备。 虽然他在巴黎时曾经在盛怒之下大骂军人，并且反对扩张军备，但事实上，他最清楚为了保持德国的独立，必须随时防备俄国和法国。 所以在他恢复冷静之后，就一心一意地扩充军备以防外敌的侵略。

接着他所要做的大事是统一律法。 起初，德国邦联内的三十八个小邦都各有独立的法律，各自拥有法院，但在法治观念上彼此颇有分歧，内容也复杂不一，所以他便开始着手统一工作，并于 1877 年制定帝国刑法。 在他下台以后，这方面的努力也一直没有间断。 德国在 1889 年成功地制订了统一商法，1900 年又统一了民法。

有一件事，他一直无法如愿，这便是最高法院的所在地问

题。 虽然他主张最高法院应设立在柏林，但是议会依据分权的办法，将它设在了莱比锡。

俾斯麦也计划使中央政府的财政独立，他采取的第一个步骤是把铁路收归国有，但是在他的任期内始终未能实现。 仅仅做到铁路国营这一步，因此他不得不征收人民的间接税作为中央政府的财政来源。

接着他又完成了货币的统一。 在德国统一之前，各小邦有自己的货币，甚至一个小邦内有两三种货币。 同时，这些货币的价值极不稳定，严重影响了国民经济，因此俾斯麦将货币统一并全国通用。 为了解决各邦联要求货币铸造权的问题，他想出一个折中方案，即在货币的一面印上统一德国的徽章，另一面则刻印各邦联元首的肖像。

此外，他也着手改善关税，废止英国式的自由贸易制度，而重新设立保护关税制度。 在社会福利立法上，他是近代国家中第一个实行强制性劳工保险制度的人。 1883 年议会通过了疾病保险法，规定雇主负责保险金的三分之一，而劳工负责三分之二，强制他们储蓄，以备生病时所需。 1884 年订立伤害保险法，规定金场、工厂以及其他各种职业的雇主都要负责全额的医疗费。此外，养老保险案直到 1889 年才获议会通过，完成立法，其内容

晚年的铁血宰相俾斯麦

规定雇主、劳工和国家需共同负担支付年龄在七十岁以上的退休劳工的养老金。

这些社会立法，起初曾遭受到激烈的反对，在议会也遭到数次否决，但是他明白了为了防备日后的风暴，必须保障劳工生活，

所以他排除万难以贯彻他的初衷。 而在他的提案第一次遭到否决之后，他更使出破天荒的新手段——以友为敌，以敌为友。

在统一德国的初期，俾斯麦与民族自由党友好，把保守党及中央党作为敌党而抗衡，但是当他发现依靠民族自由党还不足以让社会立法通过时，就改变态度，与过去的政敌保守党和中央党联合，以便通过新法案。 要知道，此举如果在政治上没有付出代价是很难有收获的。 俾斯麦为了社会立法，所付出的代价就是施行对保守党有利的治安维持法。 也就是说他一方面改善劳工的待遇，同时为了防止劳工势力的激进，又订立了镇压社会主义者的法律，两者相辅相成。 另外，他给予中央党的代价是缓和迫害天主教徒的行动以及与罗马教皇言和。

是什么原因让俾斯麦要改善劳工的地位呢？ 他自己曾说："我认为盼望退休金的人，比较容易受我们的指使，比如一般公务员，因为他们有优厚的退休金，所以会很顺从我们，从而安分地工作；没有保障的个人与社会，恐怕就不那么容易了。 因此，我认为为了安定劳工大众，即使花再多的代价，也是值得的。 这是一种为了避免革命所做的前期投资。"

在内政方面，俾斯麦努力进行的另一项工作，那就是操纵新闻。

他是一位善于利用新闻的天才，他不断地制造和提供新闻给报社，他的头脑有如灵泉般不断地涌出许多新闻素材。 同时他详细地安排于何时何地将何种新闻发表在何种报纸上。 不过他与众不同的特色，就是每一次在制造新闻或杂志论文时，都会删除有关他本身的宣传或称赞的文字。 他不但不关心民众对他的看法，而且对于后世历史学家对他会有什么样的批评也完全不在乎。 有一次，他的属下对他说："殿下一定会在后世的历史上留下伟大的政绩。"

可是他却很生气地说："你以为我是考虑后世的评价才每天这么辛苦地工作吗？"

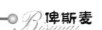

威廉一世崩逝

自从 1887 年威廉老皇帝健康不佳的消息传开之后，人们就预料俾斯麦的政治生涯也快要结束了，因为继承老皇帝的是最厌恶俾斯麦的腓特烈亲王。可是俾斯麦还有一件事没有完成，那就是和俄国缔结同盟。因为德国位于欧洲平原的中央，被英、法、奥、俄四国所包围，随时有被围攻的危险。其中最可怕的是东方强国俄国，一旦俄国和法国联合，后果将不堪设想。

虽然他已和奥地利、意大利两国缔结三国同盟，但是在没有获得俄国的保证之前，德国实在无法高枕无忧。他很希望能在威廉老皇帝在位之年，完成德、俄同盟，以解除后顾之忧。

同时，当各国政界发现老皇帝的健康欠佳时，便逐渐不遵从俾斯麦的政策了。因为大家都认为听信一位随时都会垮台的首相之言，是极为危险的事情。

1887 年末，俄国沙皇访问柏林，这是俾斯麦最后一次试探机会。他将老皇帝会见俄帝所要谈论的内容逐条写下，其要点在于说明如果德、法再度开战，而万一法国获胜，则民主主义思想必将风行全欧，到那时皇帝的地位势难保全。因此这一战并不仅仅是德、法两国政府之战，同时也是欧洲

俾斯麦晚年在首相官邸，处理公事

大陆的君主制度和民主主义的决战，请问俄国到时候能否袖手旁观呢？

俄国沙皇终于来到柏林，两国皇帝也会了面，而两国首相之间也完成了同盟条约的草案，现在就只剩下最后一步了。

但是，1888 年在老皇帝迎接九十岁的生日时，大家都看得出老皇帝的日子已经所剩无几了。当天参加庆宴的王子腓特烈亲王因旧病突发，面容憔悴。看到这种情形，人们才知道继承威廉老皇帝的恐非王子腓特烈亲王，而是皇孙威廉亲王。那么这位血气方刚的年轻亲王在即位后，究竟会实行何种政策呢？

老皇帝临终之前，俾斯麦为了巩固德国的地位，断然宣布解散议会，而向新政府提出军事预算。他得到了数目庞大的长达七年的预算费用。德国有了这些预算后，国防也更加巩固了。

今天我们应该保存我们的力量，以储备优于敌人的力量，我想我们是可以做到的。位于欧洲大陆中央的我国，三方受敌，而欧洲池中的梭鱼不可能成为温顺的鲤鱼，他们的牙齿随时会突袭我国的两侧。所以，举国上下团结一致是今天德国国民的当务之急……现在我们要以攻为守，因此，我请各位准备十亿或五亿的军费。

同时，他在回应国外报纸批评他好战时说：

各位，我们对爱心和善意都会很感激，但是我们决不会因受到欺负与威胁而退缩。虽然我们德国人敬畏神，但除了神以外，任何事物我们都不怕。正因为此我们才敬畏神，所以我们极力追求和平。

1887 年末，威廉老皇帝寄给俾斯麦一封亲笔函，其中包括一份任命俾斯麦的长子哈佛为大使的任命书，老皇帝在信函中说道：

我很高兴能把这份任命书送给爱卿的长子，爱卿，还有爱卿长子和我都该为此庆贺。

　　九十高龄的皇帝发觉自己的生命之火将尽。同时也知道王子的性命也危在旦夕，所以他把一切希望都寄托于皇孙威廉身上，他希望把皇孙交给俾斯麦，如此才能瞑目而终。因为在列强虎视眈眈之下，新兴德国的前途必然是充满险恶，而年轻的皇孙能否撑持大局，则是个未知数。

　　1888 年 3 月初，老皇帝已知自己的死期将至，于是传令召见俾斯麦。当俾斯麦来到时，皇帝对他托付道："拜托你以后照顾我的皇孙。"俾斯麦跪下来向他发誓说："我发誓一定会照顾好他的。"老皇帝便伸手握住俾斯麦的手，表示他已经安心了。躺在床上的老皇帝可能还以为皇孙也站立在身旁，便说："今后，你要多接近俄国沙皇，千万不要和俄国交恶。"过了一会儿，皇帝好像清醒过来，并对俾斯麦说："我看见你的脸了。"

　　翌日清晨，威廉老皇帝便崩逝了。当天正午，俾斯麦站在议会讲台前向国民报告皇帝崩逝的消息，他呜咽饮泣，数次语塞。

　　俾斯麦说："此时此地，谈论私人情谊也许不太合适……不，我想没有必要，因为此刻我心中的感触便是所有德国人民心中的感触，所以我不需要把它说出来了……我相信陛下的勇气和他的名誉观念以及对祖国所尽的义务。这对我国国民而言，是如何的宝贵啊……"

　　说到这里，这位铁石心肠的英雄忍不住掩面而泣。

　　寒气未消的 3 月，俾斯麦和一代名将毛奇元帅，随在皇帝灵柩后面举行国葬。

　　因为新王腓特烈病重，所以由皇孙威廉亲王摄政。亲王还年轻，而所有的内阁阁员和武将也都很年轻，所以只有年老的首相是唯一一个连贯过去和未来的人。

高龄政治家

> 我对青年人的劝告只用三句话就可概括,那就是,认真工作,更认真地工作,工作到底。
>
> ——俾斯麦

俾斯麦
Bisimai

威廉二世继位

随着老皇帝的崩逝，"伟大的时代"似乎也过去了。腓特烈亲王即位时五十八岁，但是他已病入膏肓。所以德国人民的期望便集中于其子威廉亲王身上。

威廉亲王才二十九岁，是一位天生的残障者，左手几乎完全残废了。他曾经苦练骑术并以右手操纵马匹。正因为他身体有缺陷，又能战胜残疾，所以个性很傲慢，再加上他天资聪颖以致更加的骄傲了。

由于身体的残障和家庭缺少温暖的原因，威廉亲王的思想非常偏激。他的父亲腓特烈亲王是一位诚实又有勇气的人，可惜反应较迟缓；而从英国嫁过来的王

威廉二世及皇后

子妃维多利亚却是一位聪明伶俐的女性，因此王子逐渐被他的妻子所左右。王子妃因自己的亲生儿子威廉亲王是个残障者而感到厌恶，这种感情使他们母子之间产生了隔膜，导致亲王对于被他母亲指使的父亲也产生了反感。此外他没有良师指导，他的

家庭教师是一位平庸的人。 他自己所选择的朋友华德杰是一个天生的阴谋家，他对亲王和俾斯麦之间的感情极尽挑拨之事。

最不幸的是威廉亲王不知道爱是什么，他在家庭内没有得到父母的爱，自己也不爱父母。 他的婚姻也是由家人替他决定的，没有爱情可言，他不知道牺牲自己去爱别人的可贵。 这不但是他个人的不幸，更严重的是整个德国民族的大灾难。

威廉老皇帝崩逝后不到一百天，新皇帝腓特烈也去世了，由年仅二十九岁的威廉亲王继承德国皇帝之位成为威廉二世。

新皇帝即位后，俾斯麦在议会发表演说，公开声明德国的统治权应全部属于皇帝，而首相随时则可以由皇帝任免。 他有意以此事确定德国宪法，使皇帝的地位稳固强大，以压制当时逐渐抬头的民众势力。 至于首相本身的罢免权，他则认为连威廉老皇帝都惧怕他三分，相信年轻的新皇帝绝不会轻举妄动的。 他虽然有洞察人心的天才，但因独揽大权二十六年之久，所以难免恃宠而骄，铸成大错。 他没有发觉当时的德国人已对他的长期领导感到厌烦。 同时，他也忽视了国民对年轻的新皇帝所寄予的莫大同情和期待，因此他更没注意到新皇帝的心已日益远离他。

德国国民厌恶俾斯麦的原因是他长期采取的高压政策。 而内阁对他也感到厌烦。 他们对每天战战兢兢地察看独裁者脸色的日子，感到极为不满。

登基之后的威廉二世发现首相的存在对他来说是个绊脚石，而他的虚荣心也不允许年老的俾斯麦与他共存。 腓特烈大王不是在他登基的初期，便将有功的老臣免职了吗？他的宠臣华德杰建议他说："如果腓特烈大王不将老臣罢免，那么他就可能不会成名于天下。"

新皇帝心想："对！我如果不把俾斯麦免职，便无法在后世留下英名。"

围绕在新帝四周的人们，个个都向他说俾斯麦的坏话。 而对俾斯麦来说，新帝是先皇委托于他的，他必须尽力去帮助他，

并且应该比以前更加卖力地处理国政才对。

如此一来，双方引起冲突已是无法避免的了。首先在军事预算上发生了冲突。因为议会不承认政府所提出的预算，所以1890年1月末召开的御前会议上，新皇帝在会议上表示要双方妥协；但是俾斯麦主张不能让步，就在新皇帝发表反对意见时，俾斯麦不客气地说："如果陛下不容纳臣的意见，那么臣就无法担任现在的职务。"

威廉二世转向其他内阁阁员说："这句话实在让我无法裁决，不知各位意见如何？"

此时大家都默不作声，这种情形是二十八年来的第一次。

还是陆军司令出来打圆场，气氛才缓和下来。可是新皇帝和老首相二人心中的隔膜却无法释怀。

很快地，第二次冲突又出现了。1月31日举行的议会，新皇帝没有出席。但是内阁阁员们还是站在新皇帝的一边，反对俾斯麦的主张，对他们而言，终于抓住了报复多年来俾斯麦压迫他们的机会。议会即将结束时，新皇帝突然出现了，他反对俾斯麦的意见，而赞成劳工优待法案。俾斯麦终于觉察出新皇帝的真实想法。

七十六岁的老首相与新即位的威廉二世

2月末，他便提出辞呈，新皇帝默而不答，这也可以说是一种默认。

不久，在总选举中，俾斯麦再次当选为首相。新皇帝第一次尝到了失望，这正是俾斯麦所预料的。这时候俾斯麦理直气壮地向新皇帝说："事到如今，臣就无法挂冠求去了。"

　　新皇帝在亲政后不久，就遭到总选举的失败和老首相的威胁，心中悲愤不已。 终于采取了手段来对付俾斯麦。 他借口根据驻俄国的德国领事的报告，俄国已准备对德国作战，而首相却知情不报并建议皇帝早日完成德、俄密约。 所以皇帝更认为不能承认俾斯麦所恢复的普鲁士旧法令，还有内阁阁员如不通过首相，不得上奏皇帝的规定。 新帝命令废止这项法令，不然就要内阁全体辞职。

　　皇帝所派的使者于 3 月 17 日清晨访问俾斯麦说：“陛下主张要撤回该条文的规定，不过，我已上奏说公爵可能不会答应。陛下却说：‘那就要首相立刻辞职。’我希望阁下能于今天下午两点谒见国王并提出辞呈。”

　　俾斯麦静静地听他说完，沉默了一会儿才说：“我因为身体不好，不能前去谒见国王，不过我会以书面形式答复这个问题的。”

　　他已决定辞去首相的职位，不过在辞职之前，有一件重大的事情必须完成，这就是德、俄密约。

　　在他担任驻法兰克福大使至今的四十年间，他所做的一切都是为了如何避免德、俄战争的发生。 俾斯麦有一种直觉，德、俄开战之日便是德国灭亡之日，因此，他不以德、奥、意三国同盟为满足，而另外还要秘密缔结德、俄同盟，进一步他也有意缔结德、英同盟以防备法国的复仇。

　　他多年来的苦心终于没有白费，现在俄国大使已带着俄国沙皇的密令来到柏林，所以无论如何一定要先完成这个密约，把祖国置于安全之地，然后才能辞去

威廉二世

首相之职。 一旦完成了这项使命，德国便能永保和平，那时自己也可以安心辞职了。

俾斯麦心想自己活在世上的日子已所剩不多，总有引退的一天，辞去首相之职并不足惜。 他担心的只是德国的前途，而最可怕的就是法国的民族复仇心，他们绝不会就这样忍气吞声的，他预测几年后法国一定会掀起一场复仇战争。

今天，德国已成为欧洲各国觊觎之地，如果法国向德国宣战，谁也无法保证英、俄两国不会也跟着附和德国作对。 为了把这两国和法国之间的距离拉远，必须完成德、俄秘密同盟。

俾斯麦日夜忧虑，他发誓无论如何一定要完成这项使命，否则死不瞑目。

"前进!"

年轻时代的斗志，再度澎湃于这位巨人的胸中。

向议会和国王提交辞呈

俾斯麦召集内阁会议，宣布自己决定辞职，而他辞职的唯一理由是皇帝想独揽大权。 让俾斯麦没想到的是，竟没有一位阁员提议与俾斯麦同进退。 至此，他才发觉自己被孤立了，担任首相二十八年居然没有一个真正的朋友!

开完会，他吩咐备马，在柏林蹓了一阵子。 回到家时，他发现书记官正在等他。

书记官焦灼地说："陛下要我来问你辞职一事。"

俾斯麦回答说：

"陛下随时都可以把我免职。 如果免职的命令下来，我立刻签署同意书，但是皇帝必须对此举负责。 我当了二十八年的首相，对祖国和欧洲多少有些影响，因此我需要一些时间来让天下人知道此事的真相，然后我会自动去谒见皇上的。"

当晚，俾斯麦写好了辞职书。第二天，新皇帝便接到长达六页的辞职书。皇帝看完之后，在空白处写了两个字："批准。"

但是，皇帝始终没有把俾斯麦的辞职书公之于世，而以皇帝亲拟的俾斯麦引退理由书来代替，公开发表，至于引退的理由则是健康不佳。

对于俾斯麦多年的操劳，皇帝为了奖励而封他为大公爵及陆军少将，同时还赐予他一笔可观的金钱，但是俾斯麦全都辞拒了。

大公爵的封号，在他有生之年一直没有使用过，他只是接受了辞职令。不过他同意了皇帝的要求，把长子哈佛继续留任外交部长，因为他希望让自己的儿子来完成他未完成的大业——德、俄密约。

令人遗憾的是，俾斯麦最后的希望也遭到后任霍尔韦格的从中作梗，以致他的儿子哈佛最终无法完成任务。因为霍尔韦格认为一旦签署了德、俄密约，俾斯麦便可能东山再起，而俾斯麦的再起无异于自己的垮台。所以为了自己的利益，他多方阻挠这个重要密约的进行。

俾斯麦准备离开柏林的日子终于到来。他进宫拜别新皇帝和参拜了威廉老皇帝的陵墓后，便离开了长年居住的官邸，准备回到自己位于弗里德里希斯鲁的山庄，沿途有数万民众为这位老英雄送行。当这位白发的老人坐在车上，离开官邸时，民众一起脱帽致意并流下了眼泪。这位老英雄虽然被傲慢的新皇帝所抛弃，但是一般民众还是对他念念不忘的。

退休的老首相在他那弗里德里希斯鲁规模宏大的山庄里，孤独寂寞地坐着，没有人敢来拜访他，原因是大家都畏惧威廉二世皇帝。如果有人拜访俾斯麦，他们的名字马上就会被报告到宫廷内。

德国的报纸也不敢刊登有关他的新闻，因为害怕政府检查，只有汉堡公报例外，此外，偶尔会有外国记者访问他。皇帝下令，寄给俾斯麦的信件必须经过严格检查，因此除了家人和两三

位老朋友外，他几乎与外界完全隔绝。

有一次，美国的铁路专家来访，俾斯麦坐在这位初次见面的外国人身旁，毫不掩饰地说：

"你是几个星期以来，我的第一位客人，大家都因害怕皇帝而不敢前来。那些几个月前在柏林街头碰面必定会对我行礼的人，他们今天就是到了镇上也不敢来看我，大家都在排斥我。"

那些曾经受他照顾的高官、贵族及皇族等都转而迫害他。其中，接任其职的新首相写信给俾斯麦，要他退回多领的薪水。

信中说："阁下已于 3 月 19 日辞职。翌日起，便要按照退休年金计算，所以 20 日到 31 日的月薪是属于多领，请将它退回，以便结算。"

这位新首相同时通过驻外的公使向各国政府通告：

　　　今后，俾斯麦公爵的言论，完全与敝国无关，请贵政府不要重视。

他究竟在山庄里过着什么样的日子呢？他所能做的只剩下编写他的回忆录了，他把自己八十年来的生活，详细地口述，让秘书一一记录下来。俾斯麦曾经往来于千军万马之中与敌军战斗，也曾经和访客交谈，并且日理万机。那时，虽然忙碌但还能写出洗练的文章。如今，失去了访客、公务及敌军等一切刺激，他的内心顿感空虚，而他灵敏的头脑也不及昔日活跃了。因此，他那

八十寿辰时的俾斯麦

三卷回忆录的文体并不及他全盛时代的演说和书信般才气纵横。

巨星陨落

被夺去了一切权力的俾斯麦，现在所剩下的只有家庭和森林了。自从爱犬死后，他不再养狗。他的长兄在他下台后不久便死去了，子女们又都不在他的身边，现在在他身边的只有妻子一人。他害怕和妻子离别，因而对友人说：

"我不想比我太太早一步归天，我不愿留下妻子一人。"

1894 年后，他的妻子身体日益衰弱，他遵照她的愿望，从弗里德里希斯鲁迁居到华尔翠。当年秋天，她过了七十岁生日。有一天早上，当俾斯麦走进她的房间时，发现昨天晚上还在饭厅一起用餐的妻子已经与世长辞了。他抱着妻子如同十来岁少年般地坐在地板上放声痛哭。

带有俾斯麦头像的钱币

翌日早晨，他从书架上拿下一册德国历史，对自己说："希望这本书能使我的心情好转。"然而一起生活四十八年之久的妻子之死，带给他很大的打击，他一时还无法恢复心中的平静。

1896 年，俄国和德国的条约期满后，俄国转而和法国接近，这使得欧洲各国大为恐慌，而德国报纸也指责这是由于俾斯麦的失策造成的。这使俾斯麦很生气，于是将自己辞职前后的事情，公开发表在报纸上。这对于德国皇帝来说是一个很大的打击，而这一次也是俾斯麦的最后一次公开活动。

第二年，俾斯麦便因神经痛而双脚行动不便，一直坐在轮椅上。不过他的脑力一点都没有衰退。如今来回顾一下他当时所作的预言，会发现一切都如他所料，他说："俄国成为共和国的日子比世人想象的还要快，一旦劳资之间发生纠纷，最后一定是劳工胜利。任何国家如果给予劳工投票权，一定会发生这种结果的。"

此外，他还曾预测德国的未来，他说：

"神可能会再次给予德国一次衰颓期，之后再给予它新的光荣期。但是可能要在它改变为共和制度以后才能出现。"

1898年7月30日晚11点，俾斯麦在弗里德里希斯鲁山庄与世长辞，走完了他八十三年的人生旅程。临终时，他对守候在枕边的女儿说："谢谢你！我的女儿！"

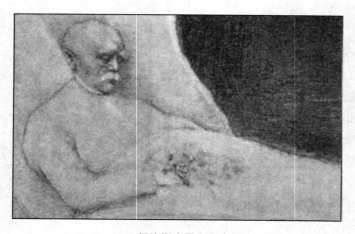

1898年俾斯麦于床上去世

遵照他的遗嘱，他的遗体和爱妻一起埋在弗里德里希斯鲁山庄的丘陵上。虽然皇帝赐给他国葬的恩典，但是他的长子哈佛以父亲的遗嘱为由婉拒了。

墓碑上写着：

俾斯麦公爵，长眠于此
1815年4月1日生
1898年7月30日死
威廉一世皇帝的忠臣

俾斯麦年表

1815 年　4 月 1 日，出生于柏林。

1823 年　8 岁，入柏林小学。

1827 年　12 岁，入中学。对语言学、史学特别有兴趣。

1832 年　17 岁，入哥廷根大学就读。

1834 年　19 岁，转入柏林大学就读。

1836 年　21 岁，在夏尔当书记官。

1837 年　22 岁，担任波茨坦承审员。

1839 年　24 岁，丧母。

1845 年　30 岁，丧父。

1847 年　32 岁，结婚，并当选州议会议员。

1851 年　36 岁，担任驻法兰克福邦联会议大使。9 月被国王任命
　　　　　为普鲁士首相。

1855 年　40 岁，谒见拿破仑三世。

1859 年　44 岁，出使俄都。

1862 年　47 岁，任驻法大使。

1864 年　49 岁，普、丹战争爆发。

1865 年　50 岁，与拿破仑三世再次会面。

1866 年　51 岁，领导普、奥战争获胜。

1867 年　52 岁，北德邦联成立。

1870 年　55 岁，领导普、法战争。

1871 年　56 岁，德意志帝国成立，被封公爵，任帝国首相。

1873 年　58 岁，定"五月法"，反对信奉天主教。

俾斯麦
Bisimai

1878 年　63 岁,召集柏林会议,自任会议主席。
1879 年　64 岁,外交政策改变,与奥地利联盟。
1883 年　68 岁,德、奥、意三国同盟成立。
1888 年　73 岁,威廉一世驾崩。威廉二世即位。
1890 年　75 岁,与威廉二世意见相左,于是辞职。
1898 年　83 岁,7 月份病逝。